当我饮酒时，我在想些什么

I Drink Therefore I am

a philosopher's guide to wine

[英] 罗杰 · 斯克拉顿（Roger Scruton）/ 著
王宏 / 译

中国财经出版传媒集团
中国财政经济出版社

图书在版编目（CIP）数据

当我饮酒时，我在想些什么／（英）罗杰·斯克拉顿著；王宏译．—北京：中国财政经济出版社，2016.12

ISBN 978－7－5095－6902－3

Ⅰ．①当…　Ⅱ．①罗…　②王…　Ⅲ．①哲学－通俗读物　②葡萄酒－酒文化－通俗读物　Ⅳ．①B－49　②TS262.6－49

中国版本图书馆 CIP 数据核字（2016）第 183148 号

著作权合同登记号：01－2016－9000

责任编辑：张怡然　　　　责任印制：刘春年
责任校对：黄亚青　　　　版式设计：丁丁图文

中国财政经济出版社出版

URL：http://www.cfeph.cn

E－mail：cfeph@cfeph.cn

社址：北京市海淀区阜成路甲 28 号　邮政编码：100142
营销中心电话：010－88190406　北京财经书店电话：010－64033436
北京时捷印刷有限公司印刷　各地新华书店经销
880×1230 毫米　32 开　9.375 印张　188 000 字
2016 年 12 月第 1 版　2016 年 12 月北京第 1 次印刷
定价：48.00 元
ISBN 978－7－5095－6902－3／B·0032
（图书出现印装问题，本社负责调换）
本社质量投诉电话：010－88190744
反盗版举报热线：88190492　88190446

来吧，天堂建于空气支柱之上。

来吧，给我带来葡萄酒，我们的日子如风一般。

——哈菲斯

PREFACE
前　言

本书并非葡萄酒饮酒指南，而是思考葡萄酒的指南。本书是致力于制造快乐之人向愉悦致敬的成果，亦是逃离邪恶之人对美德的守护，适合有神论者、无神论者、基督教徒、犹太教徒、印度教徒和穆斯林，以及每一位向往愉悦的思想者。对于健康狂热者、疯狂的偏执者，以及更喜欢发怒而非去理解他人观点的其他任何人，我要说的话很刺耳。但是我的目的是为了维护曾被认为是柏拉图所提出的观点，即“上帝赐予人类的礼物中，没有比葡萄酒更棒或更有价值的了”。我很有信心，事实将证明，所有反对这句话的人，他们的理论都是苍白无力的。

本书初稿经过克里斯·莫里西、鲍勃·格兰特、巴里·史密斯和菲奥娜·埃利斯的审读，我从他们的评论中获益匪浅。我先前还与埃瓦·阿塔纳索和托马斯·巴切雷尔一起品过酒，他们也给予了非常有价值的建议，我已尽我所能去回忆这些建议。我特别要感谢我的妻子索菲，对于我花费 12 年的时间为创作这本书所进行的研究，她给予了极大的宽容。这项研究有一部分是代表

《新政治家》开展的，该周刊的编辑在容忍一个专注于传统、家庭、等级制度、打猎和上帝的专栏方面表现出了模范性的耐心。该周刊是伦敦备受推崇的左翼期刊，而那个专栏对于那些常人无法忍受的话题如何被理解，提供了些许线索。该专栏于我而言是巨大的快乐源泉，而我在专栏写作时所观察到的内容也可以随意为我所用。

我也利用了其他的出版物资料，特别是我为巴里·史密斯关于这一话题的文集《关于味道的问题：葡萄酒哲学》所撰写的名为“葡萄酒哲学”的章节。这一章节是本书第 6 章的前身。我还用到了出于其他目的所写的两篇回忆录：一篇是为剑桥大学耶稣学院近期一份纪念册所写的对我的导师劳伦斯·皮肯的回忆录；另一篇是对大卫·沃特金的回忆，为一本纪念他退休的文集所写。第 5 章的部分内容用到了先前刊登在麻省理工学院的在线杂志《科技评论》上的资料。

2008 年圣诞于（美国）弗吉尼亚州斯佩里维尔、
（英国）威尔特郡马姆斯伯里

CONTENTS

目　录

引言

纵观有记载的历史，人类通过饮用酒精饮料而让生活变得可以忍受。尽管不同社会在哪些酒精饮料可以被容忍，而哪些需要被禁止，有着不同的看法，但存在着一个统一的观点：酒后行为绝不可威胁到社会秩序。美洲印第安人的和平烟斗正如中东的水烟袋一样，诠释了一种理想的社会醉态，集体吞云吐雾所带来的是彬彬有礼的举止、并不复杂的情感和宁静的思考。有些人也用类似的观念来对待大麻，尽管有关其对神经的影响的研究让人们对其社会意义有了另一番更为不安的了解。

然而，现在我们要面对的并非大麻，而是酒。酒对于身体的协调性、举止、情感和理解力都有即时性的影响。来自另一颗星球的访客，如果观察到在伏特加影响之下的俄罗斯人，或是受梅子白兰地控制的捷克人，或是喝私酿酒喝得烂醉的美国乡下人，就一定会赞成禁酒。然而，正如我们所知，禁酒并不奏效。原因在于，如果社会有时受到酒精饮料的威胁，那它同样会受到缺乏酒精饮料的威胁。没有了酒精饮料的帮助，我们相互看到的就是我们真实的样子，而没有人类社会能建立在如此脆弱的基础之上。世界被破坏性的幻觉团团包围，近代史提醒我们要对它们小心提防，非常小心，我们甚至忘记了幻觉有时也是有益的。如果没有了对人类可以压倒灾难、发誓坚守永恒之爱的信念，我们又会身在何处呢？但是这样的信念只有在想象中更新之后才会持续。如果我们没有逃离现实的方法，这种情况又如何能够发生呢？因此，对酒精饮料的需求深深地根植在我们心中，所有想要禁止我们需求的尝试都会以失败告终。我想说的是，真正的问题并非是是否饮酒，而是饮何种酒。尽管所有的酒精饮料都会掩饰事物，但有些（特别是葡萄酒）还有助于我们直面事物，其手段是促使我们重新想象并将事物理想化的形式展现出来。

古代人对于饮酒问题有一个解决方案，那就是将饮酒置于宗教仪式之中，将酒看作神的化身，将制造混乱的行为视为神的作为，而非敬拜者的。这是很好的一步，因为改造神要比改造人容易得多。渐渐地，在仪式、祈祷和神学的磨炼之下，葡萄酒从原本的狂欢工具被驯服为向奥林匹亚之神庄严祭奠之酒，之后又成为基督教圣餐的用酒。在与宗教的短暂相遇中，葡萄酒的目标是调和。

宗教的解决方案在古代并非是唯一的，还有一种解决方案就是世俗的会饮。希腊人没有将饮酒排除于社会之外，而是围绕饮酒建立了新型社会。当然不是饮用伏特加或者威士忌这种烈性酒，而是饮用强度恰好可逐渐放松肢体并释放力的酒，即令你朝着世界微笑而世界也朝着你微笑的酒。希腊人也是人，会像在塞西[1]的宫殿中

[1] 译注：古希腊史诗《奥德赛》中的女妖。

奥德赛的随从一样过度放纵。他们也有自己的禁酒时期，这在欧里庇得斯[1]的作品《酒神的女伴》中有所记录，其中讲述了彭修斯的悲惨故事，他因为撵走酒神而被罚将身体撕裂为碎片。在会饮中，他们发现了可以呈现出葡萄酒最好的一面以及喝葡萄酒之人最好的一面的习俗，通过该习俗，即便是羞怯之人也能做到自我肯定。本书的主题正是自我肯定，或者说是德国浪漫主义哲学家口中的“自决”。

会饮邀请酒神狄俄尼索斯去参加庆典。佩戴花环的客人两人一组倚靠在长椅上，撑着自己的左手臂，食物就摆在他们前面的矮桌上。端庄合宜的奴隶用一个公用的混合钵为他们的杯子斟满酒，混合钵里的葡萄酒会用水进行稀释，以便尽可能地延迟醉酒时刻的到来。人们的举止、姿势和言语都像在日本茶道中一样受到严格的控制。参会的客人会允许其他人有时间来说话、朗诵或唱歌，这样对话就可以一直保持常态。柏拉图记录和渲染过一次这类的活动，所有文学爱好者对这一场景都很熟悉，即苏格拉底和阿尔西比亚德斯[2]相遇的场景。柏拉图创作《会饮篇》的目的是为了向爱神致敬，实际上是在向狄俄尼索斯（或者是像罗马人一样称呼他为巴克斯）致敬文章中还诠释了葡萄酒的能力，在被合理利用时，它可以使爱与欲望处于一种可以商讨的状态。

希腊酒会具有排他性和极高的特权性——只有男性可以参加，

[1] 译注：希腊的悲剧诗人。

[2] 译注：苏格拉底的学生，雅典政治家、演说家。

而且得是特定阶层的男性才行。葡萄酒是人类社会的附加物，它被用于给交谈壮胆，只要交谈保持文明和常态。城市街道上的醉酒景象令我们惊骇，许多人倾向于将骚乱归咎于酒，因为酒是产生骚乱的部分原因。但是公共场合的醉酒，也就是导致禁酒的那种醉酒，是由于人们以错误的方式喝了错误的东西。18 世纪的伦敦导致人们醉酒的是松子酒，而不是葡萄酒。在美国的大环境下，杰弗逊曾说："葡萄酒是威士忌唯一的解药。"他这么说完全正确。

在社交场合的餐间或餐后饮用葡萄酒，并充分品味其清淡可口的味道和唤起回忆的芳香，这很少会导致醉酒，更不太会导致粗野无礼的行为。我们在英国城市里见证的饮酒问题根源于我们无力向巴克斯支付他应得的报酬。由于文化的贫瘠，年轻人不再具有歌唱、作诗、激辩或表达想法的才能，以便他们在饮酒时可以用来相互娱乐对方。他们喝酒是为了填补自己的文化所带来的道德真空。我们很熟悉空腹饮酒的不利影响，而我们现在却见证了头脑空空地饮酒所带来的更糟糕的影响。

然而，冒犯人的不仅仅是酒后闹事。大多数晚宴也会让人不快。客人以自我为中心地朝着自己身边的人叫嚷；同时展开 10 组对话，却都毫无结果；礼仪性地重新斟满玻璃杯演变为抢过酒杯狂饮。好的葡萄酒总是需要好的话题相伴，而话题应该与葡萄酒相关并围绕着餐桌进行。正如希腊人所意识到的，这是考虑真正严肃的问题的最佳方式，例如性欲的目标是个别的还是普遍的？特里斯坦和弦是否是半减七和弦？或是否有证据可以证明哥德巴赫猜想？

我们熟悉每日一两杯酒有益于健康这一医学观点，也熟悉至多一两杯酒就会让我们踏上通往毁灭之路这一相反观点。[1] 这些建议很重要，尽管没有它们看起来那么重要。无论葡萄酒对身体健康有何影响，它对于精神健康的影响要重要得多——当脱离会饮文化时就有负面的影响，当融入会饮文化时就会有积极的影响。在美国，葡萄酒瓶上得标注出有害健康的警告语。在美国的许多地方，允许饮酒的年龄限制比性交的合法年龄限制要多 5 岁。如果这样做的目的是为了教育公众，那也好，只要警示语说的是实情，而实际上说的并非实情。同样的教育目的应该说服我们将有害健康的警示语也贴在瓶装水上，以提醒饮用瓶装水会带来沉闷的心理状态；提醒我们需要从疑病症中抽出时间，以便为灵魂提供食物和饮品；提醒我们将落到我们身上的以及在我们脚下流动的东西灌装成瓶在世界范围内运输是生态上的疯狂举动。

在爱默生关于波斯诗歌的文章中，他如此称赞了热爱葡萄酒的哈菲斯：

> 哈菲斯称赞葡萄酒、玫瑰花、少女、男孩、小鸟、清晨以及音乐，以表达他对于美与欢乐的所有形式的狂热喜爱和同感之情。他还对这些事物加以强调，以表明他对于

---

[1] 对饮酒的医疗好处和风险感兴趣的读者可以阅读 2008 年于牛津出版的弗里兹·阿尔霍夫的《葡萄酒与哲学：关于思想和饮酒的酒会》一书中，弗雷德里克·阿道夫·葆拉所写的“葡萄酒的健康”一章。

假装的虔诚和卑鄙的谨慎的鄙视。

我的许多论述目的都不是为了鼓励恶习，而是为了表明葡萄酒与美德是相协调的，我反对的是假装的虔诚和卑鄙的谨慎。正确的生活方式是享受自己的感官能力；努力去喜欢自己的同伴，如果有可能的话努力去爱自己的同伴；还要努力去接受死亡，死亡本身是必要的，同时对于你会在不同方面对其造成负担的那些人来说也是有福的解脱。在我看来，否定了我们所有自然乐趣的健康狂热者应该被集中在一个地方，被锁在一起。他们可以在那里直挺挺地用自己追求永生的无效秘方而让对方厌烦。我们其余的人应该在一连串的会饮中享受我们的人生，在这些会饮中葡萄酒是催化剂，谈话是手段，平静地接受我们的命运是目标，绝对不要呆板得太久而惹人厌烦。

在本书中，我将葡萄酒视为哲学的同伴，而哲学则是葡萄酒的副产品。在我看来，葡萄酒对于生活来说是绝佳的佐餐酒，但它对于思想来说却是更好的饮品。边喝葡萄酒边思考，你不仅仅能学会在思想中饮酒，还能学会在饮酒时思考。通过将引言、论述和结论随着一整口让人满意的酒吞进腹中，你不仅仅了解了一个想法，你还将它融入了你的生命之中。你不仅会去判断其真实性和连贯性，还会去判断其价值。葡萄酒是你赖以生存的物品，想法也是如此。而就生活而言，葡萄酒是对想法的检测，是初级的抽样，可以预示长期的心理效应。在正确的时间、正确的地点与正确的同伴一起饮用葡萄酒，是通往冥想的途径，也预示着平静。

第一部分　我饮酒

PART ONE　I DRINK

我的沦陷

我成长于因菲利普·拉金[1]和金斯利·艾米斯[2]而名垂千古的战后的英格兰。我小时候很少看到葡萄或其神圣的副产品，但是有些被称为果酒的东西在我的家里倒是很常见。秋季来临时，家里总能见到装满糖渍接骨木果汁的加仑罐，这些罐子堆放在棕色的搪瓷炉之前。我们的母亲等待着冒泡声由疯狂变为轻柔，暗红色的液体能够用虹吸管吸出并装瓶的日子的到来。在持续三周的时间里，厨房里满是发酵的味道。小群的果蝇盘旋在罐子的上方，而黄蜂四处聚集，在溢出的果汁上面扇动透明的翅膀，发出微弱的闪光。

接骨木在我们的灌木篱墙里长势疯狂，开出了芳香的花朵，这些花朵在仲夏夜里开得最旺盛，散发出《名歌手》[3]第二幕中提到的香气。当时汉斯·萨克斯坐在自己的小屋前，冥想伟大的问题，而依据我的经验，葡萄酒比其他任何事物都能帮他解决这个问题，即

[1] 译注：英国诗人。

[2] 译注：英国小说家。

[3] 译注：德国作曲家瓦格纳的歌剧。

如何将性爱转变为大爱，如何放弃对某人的性欲，转而希望她幸福。接骨木花被浸泡在水中，加入糖和柠檬酸以变得黏稠，这样就变成了宜人的夏季甜酒。暗红色的浆果几乎不含糖，但却富含单宁和果胶。如果你将其熬煮，滤掉果汁，加入糖，并使其蒸发，得到的就是可以保存数年并在羊羔肉中添加甜蜜味道的，呈现深红色光晕的胶状物。

然而，接骨木正是因其果酒而备受英国人的赞赏。李子、红浆果、苹果和醋栗都能制作出优质的果酒，至今在奥地利仍在销售。但是它们都比不上接骨木酒，由于其单宁的含量高，在瓶中经过数年发酵成熟的接骨木酒，有着乖戾的英式后味。由于接骨木的果实中几乎不含糖分，在制作果酒时必须在水和浆果泥最初未发酵的汁液中加入糖，如果你希望得到无甜味的成品，就要在每加仑中加入 3 磅糖。尽管浆果表皮上存在酵母菌，但它们发酵缓慢。我们的母亲因此会加入一些啤酒酵母加以搅拌，这会立刻导致一簇一簇的浆果泥发起来，在罐子边上舞动。

当浆果已经滤出了足够的颜色，她会从桶中把这冒着泡沫的液体倒入罐子里，每个罐子都用单向阀密封，以便在释放二氧化碳的同时，阻止氧气的进入。气泡的鼓动声慰藉了我们的秋夜，直至入冬时装瓶时刻的到来。我们会把果酒存放两年，偶尔去厨房下的地窖里看看它，举起罐子，对着光线去欣赏黑色的沉淀物。当最后罐子被开启时，我们会在晚餐后拿一只玻璃杯，非常像我们的先人端着自己的波多尔干红葡萄酒，最终得到的赞赏的咕噜声和简短的称赞是我所听过的最有趣的谈话。

那些日子是我们家里的快乐时光，是母亲脆弱的自信在父亲令人费解的暴怒面前坍塌之前的日子。舌尖上接骨木果甜中带苦的粉末让我们想起她慈祥的面庞，她对自己孩子显得腼腆的关爱，以及她对我们始终如一的、痛苦的爱，当我们含泪回忆起这些时，我们感到内疚。在物质异常匮乏、自产食谱和自我牺牲的好意盛行的英格兰，接骨木果酒与她相关，在那个世界中葡萄还没有对郊区施加自己的魔法。我的两个姐姐和我生长在贫困又带有清教徒式的克制的住所里。如果不是由于1963年前后名为“蜜桃红”的葡萄牙品牌气泡酒的突然出现，以及它对英式礼仪造成的其他方面的破坏，或许我们本可以保有我们童年时期的谦恭礼仪。而这一时期正如菲利普·拉金的著名言论（尽管是出于另一个原因而做出的）：“介于查特莱解禁和披头士的第一张唱片之间。”随后

真诚的喇叭响起来，而银色的兴奋，
因亲吻铜钹而制造出愉悦的喧闹声，
是巴克斯和他的亲属！
像是移动的葡萄酒，他们走了下来，
头戴绿叶冠，脸上都洋溢着火一般的热情；
所有人都疯狂地舞动于宜人的山谷，
以便吓走你，伤悲！

或许济慈[1]不应该用“伤悲”来押韵“山谷”，但他显然了解一些葡萄酒的效应。我们无知地冲入安静的街道上突然喷涌而出的激流中，我们沉浸于其清新的香气中，吞下它赠予我们的梦想之礼。我上了剑桥大学，是少数幸运的获得大学奖学金的人之一。而尽管有财政资助，葡萄酒还是让我处于贫穷的状态。

但我是无知地饮酒，不认识巴克斯散播在我们世上的传道者，这些人在只能被偶然发觉而很少被有意发现的地方执行着自己的使命。暑假期间，我有时会和德斯蒙德待在一起，他是一位诙谐的爱尔兰人，阅读无数，性伴侣无数，花销无数。他当时在枫丹白露附近的一个村庄里修养。花一点时间就能发现德斯蒙德是巴克斯的授命传道者，因为他的医生已经建议他戒酒，德斯蒙德却将这一建议理解为晚餐喝一级庄园的波多尔干红葡萄酒，或许午餐喝二级庄园的。他确信，他的医生会特别赞成他喝卓龙酒庄1945年份的葡萄酒，那是用最后结出的葡萄酿成的酒，以逃避葡萄根瘤蚜带来的麻烦，在晚饭后单独饮用会大大改善人脆弱的体格。德斯蒙德坚持认为，这样的葡萄酒是对他年轻客人的身体状态的极大侮辱，这位年轻客人未经训练的味蕾和贫血的身体显然迫切需要博若莱葡萄酒。我心怀感激地饮用他提供给我的酒，并为他感到遗憾，因为他的生活被过多沉闷的医疗常规约束了。

可我仍然忍不住对德斯蒙德晚餐后在书房里抱在怀里的瓶子感

[1] 译注：英国诗人。

到好奇。神秘的名字、褪色的标签、虚弱的紧握着瓶子的那双手，这一切都强化了神秘感。一天，我发现德斯蒙德在他的扶手椅上睡着了，我悄悄地拿开他手中的珍宝，第一次体验到了一种顶级的葡萄酒漂浮在玻璃酒杯之上时散发的香气所带来的难以言表的感觉，双唇在期待中颤抖，就好像即将吻下致命一吻。我就要坠入爱河了，不是爱上一种味道，或一种植物，或一种毒药，而是爱上法国神圣的一面。我从充满爱意的手中拿过的那个瓶子里装有闪闪发光的赤褐色液体、醉人的香气、微妙而又多层次的口感，但瓶子中还装着比所有这些更为珍贵的东西，用古老而又神秘莫测的名字来概括，那就是名为“卓龙”的酒庄，以及名为“波美侯”的地方。我被这凝聚了一个地方、一个时代和一种文化之精华的酒所带来的感觉征服了。

从那以后，我学会了去爱法国葡萄酒，一个村庄接一个村庄，一个葡萄酒庄园接一个葡萄酒庄园。我当时对用来制作葡萄酒的葡萄只有最模糊的概念，不清楚比较的标准。而这种标准将会告诉我，那些葡萄如果被种植到其他土壤里，受到其他地名的祝福，是否还能得到相似的结果。从我沦陷的那一刻起，我就成了地域主义者，对地域主义者而言，任何瓶中的主要成分都是土壤。

我所指的“土壤”并不仅仅是石灰石、表层土和腐殖质的物理混合。我所指的土壤是尚·乔诺[1]、乔万尼·维尔加[2]或

[1] 译注：法国作家。

[2] 译注：意大利小说家。

D.H. 劳伦斯[1]所描述的：激情的摇篮、戏剧的舞台以及地方之神的栖身之地。法国村庄以神的名字命名，无论是梅尔居雷和瑞列纳所代表的异教之神，还是圣爱村和圣约瑟夫所代表的基督教之神，都是葡萄藤的守护者，而葡萄藤不仅从它们脚下岩石里的矿物质中，还从持久的社会祭祀仪式中获得自己的个性。这是我抿第一口卓龙庄园葡萄酒时想到的，这一想法伴随我至今日。但是地域的概念现在已经变得非常具有争议性，因为有越来越多的人沿着我在大概45年前走过的通往永劫不复的道路前行。诗歌、历史、圣徒名单、殉道者的苦难，这些东西对于新出现的这代葡萄酒迷而言，不像对于我们这些中产阶级的下层先驱者来说那么重要。现今的异教徒饮酒者在寻求统一的、可信赖的以及容易记忆的事物。至于葡萄酒从何而来，只要味道还可以，那又有什么意义呢？因此出现了以下趋势，即从品牌和葡萄品种方面来将葡萄酒分类，要么完全忽视了土壤，要么将其包含在一些像白垩、黏土、泥灰土或碎石这样的地质类别之中。简言之，对葡萄酒的新体验是对饮用一种葡萄发酵的果汁的体验，但那并不是我在枫丹白露“决定性”的那天中所体验到的：我用鼻子去蹭卓龙的鼻子，我与一个葡萄酒庄园面对面相遇。玻璃酒杯里的是一个地方的土壤，在那土壤中的是一颗灵魂。

正如我们现在所知的，葡萄酒评论是一位文学评论家的发明，也就是在1920年出版了自己的开创性作品《酒窖笔记》的乔治·森

[1] 译注：英国作家。

茨伯里教授。那本书中没有提及任何一个葡萄品种，却详细描述了在他整个饮酒生涯中，他的酒窖里所展现出的葡萄酒庄园、村庄和葡萄酒。森茨伯里没有招待自己的读者去阅读“品酒笔记”，他将这当作“葡萄酒俚语”而排除在外。对他而言，一种葡萄酒就是一个人，不会被同化为一类或是一个品牌；每种的味道都是一个地方和在那里形成的各种传统的无法效仿的签名，而葡萄的选择只是其中的一个传统。而在我看来（我会在后文中尝试证明），如果葡萄酒想要为严肃冥想提供机会，它就一直都应该以这种方式被对待。拿破仑说：“没有什么会像通过喝一杯香贝坦红葡萄酒来沉思未来一样，让未来变得如此美好。”我们非常认同这一观点。但假如他说的是“没有什么像通过喝一杯黑皮诺红葡萄酒来沉思未来一样，让未来变得如此美好”呢？“沉思”这个词就会失去其共鸣，而这句话也就不能将当时最伟大的冒险家与勃艮第一块宁静的土地联系起来，也就会完全失去其感染力和精神上的真理性。

德斯蒙德在莫里哀路边上的一个内部庭院里有一套公寓。太阳从不会照到这个庭院里，德斯蒙德的窗户开向阴暗的排水沟，排水沟每天中午都充斥着炸蒜的味道和回家的男人的吵嚷声。我去巴黎时，都会住在这里。我的房间没有窗户，而我白天会躺在占满屋内空间的床上，在床头灯下，读原本摆在墙边的书中的一本。我在昏暗的房间里迷失于法国文学之中，正如我在枫丹白露的昏暗书房中迷失于法国葡萄酒之中一样。文学和葡萄酒在我看来是对同一观点的不同表达方式。放荡不羁的诗人在城市的阁楼中编织着他的天堂，他通过无形的精神之线与长满被太阳照得膨胀起来的葡萄的有围栏的果园相连接，那就是他所要逃离的自然天堂。

可他为什么逃离了呢？这座城市拥有乡间所缺少的什么呢？那样的乡间被巴尔扎克和左拉[1]非常精细地描绘了出来。翻开波德莱尔、魏尔伦、奈瓦尔和兰波的皮面书页，以及阿波利奈尔、莱里斯、艾吕雅和蓬热[2]朴素的白色伽利玛[3]封皮之下的书页——这样的封面过于讨好读者，暗示着没有必要去解释读者会在封面之间发现什么——我想到了一个关于巴黎的观点。我将这一观点和德斯蒙德联系起来，我相信正是这一观点在许多年前将他带到了这座城市，为的是寻求在独处和社会可以并肩昌盛之处，在春梦可以与让人厌烦的幻想破灭相抗衡之处，以及普通的中产阶级生活的声音和景象用突然出现的剧烈失望感来唤醒观察意识之处，才能找到的东西，那就是自我。德斯蒙德在战后来到了巴黎，带着被他挥霍后仅存的财产，以及兴趣广泛的性欲，来浪费他的遗产并面对自己。而尽管他非常不检点，但他却有着一颗金子般的心，因此一个好女人拯救了他，她照顾他，把他带到枫丹白露，与他和他几次失败的婚姻中所生育的孩子一起居家过日子——也为我提供了一个家，我迷恋上了其中的一个孩子，之后又被她抛弃。

---

[1] 译注：法国作家。

[2] 译注：波德莱尔、魏尔伦、奈瓦尔、兰波、阿波利奈尔、莱里斯、艾吕雅、蓬热均为法国诗人。

[3] 译注：法国规模最大、历史最悠久的家族出版社。

或许那就是我也会在巴黎找到的东西——那个难以捉摸的东西，就是自我。那是兰波用《醉舟》横跨想象之海送来的东西，尽管它实际上到了巴黎和魏尔伦的怀里；那是德斯蒙德在市中心那间昏暗无窗的密室中面对的东西；以及我也希望面对的东西，或是在那间密室里阅读波德莱尔的诗时面对，或是通过在锌质屋顶的酒吧下的门廊里所发生的某些相遇时面对。

之后的一天，一位活生生的诗人开始住进德斯蒙德的公寓。他的名字是伊夫·德·贝瑟尔[1]，他是描写色情和贵族的高手，这本该在任何文学圈中为他带来一席之地。他还很年轻，身材高大，相貌英俊。他被勒内·夏尔[2]和阿尔贝·加缪[3]视为朋友。但他的《暴君之田园诗》没有吸引到评论家的注意，他的爱情生活一片混乱，而他就一动不动地坐在角落里，戴着墨镜，眼泪在镜片后沿着他长长的脸颊滑落，留下泪痕。

很显然，伊夫是要长住下来了。我从枫丹白露到那里做客时，尽力和他交谈。当我最终开始提及有关他的麻烦时，他用对自己在瓦罗的童年的描述做出了回应，描述中充满了夏多布里昂[4]的《墓畔回忆录》中幽闭恐怖的氛围。他只说到母亲和父亲之间的争论，之

[1] 出于很明显的原因，读作贝瑟尔，而非贝塞（译注：贝塞所对应的法语baiser意为“亲吻”）。

[2] 译注：法国诗人。

[3] 译注：法国小说家。

[4] 译注：法国作家。

后说道：“但是这一切都过去了”，便叹着气中断了描述。每次我提及这个话题，回应都是一样的：详细的叙述，在那个不可逾越的节点处中断，并说道：“这一切都过去了”。过了不久，我开始把他看作德斯蒙德公寓里的灵魂。他不读书，也不写作，但却坐在书之间，就好像将其含义拟人化。他轻轻地点一下头，以表示对我所有观点的认同，仿佛他长时间里都在同波德莱尔、兰波、阿拉贡或其他任何人的正统观点相抗争，并最终承认自己失败了。在我看来，他是文学苦难的象征。而如果在巴黎所有的特殊环境下，有人身处发现自我的过程中，那就一定是伊夫，他似乎拥有完成此项任务所需的一切。他受过磨难，也正在经受磨难；他在德斯蒙德真正放荡不羁的公寓里极为黑暗的环境中，承受了无法形容的巴黎式寂寞；他处于城市的中心，被中产阶级常态的叫嚷声和隆隆声包围，而且他绝不会冒险走上街头。他出版过一本诗集，用的就是那种朴素的白色封面，这不容置疑地证明了他拥有出众的灵魂。他爱过男人和女人，也被男人和女人爱过。他利用夏多布里昂和普鲁斯特的人物创造出了自己的童年，可还是缺少了点什么。

不用费什么力气就能明白少的是什么。我看过伊夫给自己做三明治，或是倒一杯咖啡，但是我从没看过他喝一杯葡萄酒。我将这一情况报告给了德斯蒙德，他告诉我说，伊夫曾经酗酒，现在已经戒掉，他不会接触任何形式的恶魔饮品。结果，他的伤悲在他思维的底层变成了静态的、凝固的沉淀，所有的想法和渴望都被困在下面。

至此，我的学徒期已到进展到用一杯白葡萄酒结束在巴黎的每一天，并对密斯卡岱白葡萄酒有了特定的品位。我在莫里哀路的冰箱里保存了一瓶密斯卡岱。有一天德斯蒙德来到公寓，惊骇地发现我正将这种蛞蝓色的液体倒进一只酒杯。他急忙冲到最近的尼古拉[1]，带回来一瓶普里尼—蒙哈榭，以及一些冰来将其冷却。事实证明这酒就像那杯偷来的卓龙一样，让我极为出乎意料。酒香就像在酒杯中盛开的花朵一般袅袅升起碰触我的鼻尖，其奶油般的花瓣中锁入了苹果味儿水果的水晶光芒。我再一次将这种风味的复杂性和清澈感同土壤的灵魂联系起来。葡萄酒的名字也很有魅力，尽管我花了很长时间才了解那个带有连字符的“蒙哈榭”的含义。我所邂逅的所有其他白葡萄酒与从尼古拉买来的那瓶朴素的普里尼相比，都显得无关紧要了。而事实上，我与普里尼—蒙哈榭村的近距离邂逅甚至比拜访杯中的卓龙酒庄对我的影响还要大得多。回到剑桥时，我带回了对勃艮第白葡萄酒的爱恋，以及对其属性的信任，这一信任绝不会因我对我所依恋的地方中所固有的葡萄、生活方式以及葡萄栽培术的无知而有所减少。就像一见钟情的人一样，我有幸只从自己醉酒的感觉中，而无需任何其他来源，就能完全了解我所爱的对象。而如果在后来去法国的旅行中我从未到访过勃艮第，我的这种爱就是全部。我太了解那个地方了，无法去面对它必然承受的大量游客的践踏。

---

[1] 译注：法国著名的葡萄酒经销商。

德斯蒙德是热情洋溢的享乐者，他做了很多事来放松我体内清教徒的教养环境所带来的束缚。但在念本科的几年间，我遇到了另一位巴克斯的传道士，相比之下，这人像真实的传道士一样沉默寡言。我从我们当地的语法学校来到一个由来自伊顿公学和哈罗公学的自信男孩子主导的大学，背负着我所厌恶的学科的奖学金，发觉自己在有记录以来最寒冷的冬季初始住在寒冷、空旷的维多利亚式套房里，我的第一直觉就是逃跑。我无法依照这一直觉行事，因为我没地方可去。我 9 个月前就已经从家中逃离了，这是我原打算在青春期某一阶段实施的，尽管我实际上从未抽时间去那么做。我只得去那个被指定为“代理家长”的古怪老头那里，去告诉他我不打算学自然科学。一想起晶体学、生物化学和微生物学，我就满是厌恶之情。一定有其他学科会在不破坏我大脑的情况下回应我放荡不羁的渴望，比如说中文。不管怎样，如果他不想出点儿更好的学科，我就会在当晚离开大学，就是这样。

回应我激动的敲门声的是一片寂静。我仔细听了听，分辨出门后什么地方发出了微弱的、像老鼠挖洞一样的声音。过了一会儿，我意识到那是音乐的声音，尽管音乐声非常柔和，听起来就像是记忆中的音乐，而非亲耳听到的音乐。我再次敲门，顿了一下，便听到了轻声的“请进”。我像谚语里的公牛一样冲进门里，发觉自己进入了一个瓷器商店，周围都是珍贵的花瓶、易碎的乐器以及上百件优美的脆弱物件，其中没有比那个“疯子”本身看起来更脆弱、更优美的了——在一架古钢琴之后，大大的泛着瓷器光泽的脑袋上，暗蓝色的眼睛看向我，他美丽的、象牙般的双手正放在古钢琴的琴键上。

“你是我的导师。”在惶惑之中我脱口而出。

皮肯博士静静地看着我。

“我和你一样害怕。”他最后说道。

“我想和你谈谈。”

他从古钢琴后站起身来，静静地合上琴盖。他的动作缓慢而精准，就像拆弹专家一样，他转过身来，踮着脚尖走到他的桌子前，站在那里示意我坐到一把扶手椅上。我站在扶手椅旁边，没有坐下来，发表了我准备好的演讲。他在我说出一些特别粗俗的言辞时，偶尔皱眉蹙额，但其他时候一直坐在那里，在整齐地摆放着钢笔、纸张和翡翠制的龙的桌子后一动不动。我结束了我的发言，在随后安静的一刻，他忧虑地端详着我，随后他平静地陈述了问题，就好像在自言自语，声音非常轻柔，我不得不绷紧神经才能“偷听”到他的话。

“我不推荐中文，”他说，“那是我碰巧知道的一门语言，应该说是语言的集合，需要非常大量的工作和投入。我们也可以排除英文，因为显然无论怎样你都会阅读那些书，那除了历史或伦理学之外确实别无选择了，但这并不是说我赞成你学其中之一。”

我问道：“什么是伦理学？”

“就知道你可能会问。那是剑桥对哲学的传统叫法。”

“那就选伦理学。”我立即决定。

皮肯博士责备地叹了口气。

“我们接收你们年轻人来学习自然科学，你知道，那是这所大学最伟大的遗产，而你们却不能坚持到底。”

“你能吗？”我问道。环顾周围的书籍和乐器、卷轴和花瓶，我感觉自己面前的是位卓越的东方学者。

“我坚持到底了。”他回应道。

“你是说你是名科学家？”我不敢相信地问道。他点了点头。

“我稍微扩大了点儿范围，”他补充道，“但是我坚持到底了。”

我热切地接过他从酒瓶中倒出的一杯雪利酒。他给我讲了他在细胞学方面的工作，他还写了一本关于细胞学的大部头书。我要求看看这本书。翻开书页，我看到最后一章名为“结尾”（Envoi），我是从埃兹拉·庞德[1]对卡瓦尔坎蒂[2]的翻译中了解到这个词的。我带着更大的兴趣看向皮肯博士。这个鬼老头显然一点儿也不疯狂，他也不是非常老。我问他怎么看埃兹拉·庞德。他用关于儒家《诗经》有些腼腆但又具有权威性的讲解给出了答案。他告诉我说，庞德在翻译上的不精确之处被感觉上的一些真正精彩之处所弥补了。他接着谈论起能剧[3]，没有具体说出来，但却暗示了他也很了解日语。当我最终确信这个人差不多是我所见过的最博学的人，而我应该听从他的建议时，他慢慢起身，说道：

“那就选伦理学吧。我会把你转给尤因博士。”

他的举止不知怎么的有些不太稳定。在我看来，显然我很冒昧，

[1] 译注：美国诗人。

[2] 译注：意大利诗人。

[3] 译注：日本传统艺术形式。

我一直都很冒昧，唯有经过细致培养的彬彬有礼的伪装才使得他能够和我展开谈话，而他被打断的古钢琴演奏可能在我们的谈话中一直在他的头脑中继续着。我带着给尤因博士的便条离开了，也因此开始了我的哲学事业。

皮肯博士是位负责任的导师，非常明确地拒绝偏爱他的学生，他会邀请我们所有人去吃晚饭，一次邀请5个人，每年一次。我知道我对他来说是个麻烦，经常在未经批准的时间里为了紧急的外宿许可而拜访他，他会同意我外宿，同时用疏远的和担心的眼神看着我，仿佛不确定我是否在诱使他共谋某项他不愿了解的犯罪。他拒绝表达感情，也不允许我表达。有时，我晚上经过他的房间，看到他坐在古钢琴前，或是可爱的旧室内风琴前弹奏巴赫的《众赞歌前奏曲》，我就会感觉他是非常脆弱的生物，只要碰碰他，就会导致他碎成碎片掉落到地上。

我仍然记得皮肯博士鼓励我作为葡萄酒迷开始下一阶段事业的谈话。他用他某顿晚餐中剩下的一些勃艮第葡萄酒来安慰我，而我们就站在他的小厨房里，厨房和他像博物馆般的房间的其他任何部分一样干净整洁，因为他细致地清洗过。对他而言，看到脏酒杯弄脏桌子是让人无法忍受的。他转过来看着我——他很少这么做，突然他圆圆的脸庞闪耀出神圣的光芒。

“我应该告诉你，”他说，“你刚刚喝的勃艮第葡萄酒不是非常好。事实上商品化已经或多或少地破坏了那一地区，你们这代人可能不会了解我们所知道的勃艮第。只有一个例外。在沃恩—罗曼尼有一座名为罗曼尼·康帝酒庄的小独立酒庄。如果你以后无意中碰到那里的葡萄酒，你应该尝一尝。它完美地平衡了柄和果肉，而且土壤也通过它说话了。现在没有别的什么人知道如何像那样酿葡萄酒了。”他对着我惊讶的目光看了一会儿，突然看向别处，显然在想他是否应该如此公然地表现出他传道者的职责。

这一观点是他在 1964 年灌输给我的，当时罗曼尼·康帝的价格可能是其他顶级葡萄酒庄园所产葡萄酒价格的两倍。在这一领域和所有领域中，皮肯博士的见解都是很权威的。[1] 那座独立酒庄 4 英亩古老的葡萄藤几个世纪以来一直为圣维望的修道士所祈祷，见证了 7 个世纪的凡人的决心和神灵的介入，这一酒庄现在被认可为科多尔最棒的葡萄酒庄园。我对皮肯博士那小段演讲记忆尤深，能够在一段有关优质葡萄酒的知识换得一杯好葡萄酒作为奖赏的各种聚会上将其复述出来。但是过了 40 年我才品尝到罗曼尼·康帝，那时它的价格已经是其他优质的勃艮第葡萄酒价格的 50 倍了。

我发觉自己出现在一个由科内与巴罗组织的专业品酒会上，科内与巴罗是伦敦的商家，拥有这座独立酒庄的葡萄酒的英国专营权。我站在沉默的、拉长脸的葡萄酒大师中间，在一间像是医院的房间

---

[1] 森茨伯里和皮肯博士的观点一样：“流行的是……将伍爵园放在所有勃艮第葡萄酒的首位，而且伍爵园可以非常美味。但我从未喝过能比得上 1858 年份罗曼尼·康帝的样本，因其酒香和口味结合了浓烈和柔和，也因其状态、颜色以及葡萄酒的所有优良品质。”见 1920 年出版于伦敦的《酒窖笔记》，第 54~55 页。

里，放有干净的白色架子、酒瓶、酒杯，每面墙前都排满了水龙头和水池。我看到专家的喉结在他们的脖子上抖动，心怀敬畏地听着葡萄酒在那些高贵的上颚中滑动的咕噜声，然后葡萄酒突然被断然吐到水池里——每一口都价值一百英镑!

我第一次遭遇了葡萄酒写手的真正苦难。因为，你怎么能明知道其价格将会是 1500 英镑一瓶，还能让它在你的口腔中转动，同时脸上带有享受的表情，接着只是在你的计分本上潦草地写上“该死的好”呢？我看到他们努力延长自己的评语时皱着眉头，把这里的行文进行磷化处理，把那里的行文进行灼烧处理，想方设法为将整整一个月的家庭按揭款吐进水池这一可怕罪行来辩解。我为了描述大依瑟索挣扎了很长时间，最后想出了：“圣桑的第二部大提琴协奏曲：空气精灵一般的面纱之后隐藏着深沉的次中音音调。”我对着描述看了一会儿，然后为它的做作到反感，就把它删掉了，转而写上了“该死的好”。那些不足信的葡萄酒言论，及其中混合的隐喻和牵强的类比，是否比“该死的好”意义更大，这是我在第 6 章中提出的难题之一。

怎么能有人负担得起这种葡萄酒呢？“很容易，”科内与巴罗的亚当 · 布雷特 · 史密斯说道，“罗曼尼 · 康帝是唯一你可以免费饮用到的葡萄酒，只要比较一下期酒的价格和现在的价格就知道了。”确实，它在 2003 年的售价是 6 瓶 3500 英镑，而一年之后在我喝到它的那一天，价格涨到了 8400 英镑。你可以在 2003 年买上一打，在 2004 年出售 6 瓶，自己留下另外 6 瓶，还能得到 1400 英镑的利润。知道自己在“劫富”，你会倍感宽慰。当然，唯一的问题是找到那最开始所需的 7000 英镑。

我确信，皮肯博士绝不会将购入最后仅存的安那托利亚[1]芦笛所需要的钱花费在葡萄酒上。无论如何，在他的年代，罗曼尼·康帝还是负担得起的（差不多是）。皮肯博士实际上在自己的习惯方面很节俭，是学士指导教师的典型模范，他退出红尘之外，以便可以埋头钻研学问。葡萄酒是学问的一部分，而他在葡萄酒中所得到的快乐与在凹凸透镜中发光的知识是不可分割的。对于那些毕生致力于一种事业而将性欲放到一边的人来说，葡萄酒提供了一种慰藉，为有棱有角的盔甲般的学问增添了愉悦的柔软衬里。

皮肯博士是渗透过程的典范，凭借这一渗透过程，文化和智力遗产在学院的围墙内得以传播。假如你带着像他一样的谦卑状态去接近他，你就能够从他那里得到许多学科的许多知识——从苯环的波结构到对但丁作品的翻译，从弗雷泽的巫术理论到《奥义书》的年代排序——而他所知道的一切知识都与周遭环境无关，这使得这些知识更加值得学习。在我的眼中，他证明了由剑桥各学院所培养的严格禁欲主义的合理性，他的生活中没有突然兴起又迅速消失的流行元素。他对于学问的态度与今日逐渐控制学院和大学的态度刚好相反。他不相信知识的目的是帮助学生成长，在他看来正相反。对于皮肯博士来说，学生学习的目的是帮助知识传承。他毕生都是智力遗产心甘情愿的、自我牺牲的受托人。年轻人对他而言很重要，

[1] 译注：又名小亚细亚。

因为他们拥有他的学问储备可以倾倒而入的头脑，当然葡萄酒情怀也可以倒给他们。他带着怀疑的眼光看着我们这些学生，但一直都心存那一潜藏的希望：在这张或那张未受过训练的年轻面庞上，有着仍然明显的标志，表明这个人拥有足够充实、足够冷静的头脑，可以获得人类所积累的一些知识，而且这一头脑能够不倾洒一丝一毫地带着那些知识度过一生，直至找到另一颗它可能将知识释放进去的头脑。

因此，我从皮肯博士那里学到了，葡萄酒不只是使人愉悦的事物，还是承载知识的事物，而它使人愉悦的方式取决于它自身富含的知识。葡萄酒不像现在为餐桌所生产的其他产品那样，它存在的种类和酿造它的人一样多。在技术、气候、葡萄、土壤和文化方面的变化确保了葡萄酒对于一般饮酒人而言是最不可预知的饮品，而对于鉴赏家来说是拥有最复杂的信息的饮品，葡萄酒就像棋局对开局的回应一样来回应自己的起源。而正是由于对葡萄酒所包含的知识没什么可做的——确切说来是没有什么可立即做的，所以皮肯博士获得了这一知识，就像他获得日本雅乐的知识，获得模态逻辑的符号学知识，获得安达卢西抒情诗的格律结构知识，获得前额叶皮中量子效应的知识一样，他不仅教会我进行无关的思考，也教会我无关的饮酒。只有这样，你才能颠覆单一观点的统治，将知识置于王位之上。

正是多亏了像皮肯博士这样的人，巴克斯在我们的学院内得到了应有的尊敬。而这些学院中的彼得学院正是我作为研究员的目的地，我带着放荡不羁的生活和声名狼藉的自己一起到了那里，我的“行李”中包含了从吉他到女朋友所有的东西，皮肯博士必然会痛苦地看着它们。彼得学院有一个非常棒的酒窖，分级的红葡萄酒多年来就躺在那儿“做梦”，研究员只花费其市场价值的一小部分钱就可以喝到它们。1969 年我到了那里，刚从我在巴黎见证的 5 月骚动事件[1]中走出来，作为回应，我发觉自己是被社会遗弃的知识分子。学业的“长征”正在急速进行着，而就我能够理解的，有关大学生活唯一剩下的好东西就是酒窖——尽管这些也遭受威胁，彼得学院的酒窖主管之职被赐予了一位活泼的美国左翼分子，他迅速拍卖掉了这些阶级特权和资本主义腐败的标志。

我在那里的第一年年底，来了一批研究员，其中有一个名为大卫·沃特金的同样被社会遗弃的人，他是一位建筑历史学家，因其穿衬衫、打领带的习惯而臭名昭著。别人对我说他是邪恶的反动分子、社会进步和启蒙的敌人，他尽力阻碍那些努力迎接 20 世纪教学挑战的研究员实现雄心壮志。这一描述让我对并不了解的沃特金博士非常感兴趣，我立刻跑去拜访他。而他的房间就是圣彼得排房中楼梯边的那间，挨着我的房间。我惊奇地发现，他已经用如同从一大笔遗产和一场巨大灾难里抢救出来的家具、印刷品和装饰物，将先前导师所占据的肮脏的日间宿舍改头换面为一位摄政时期[2]的绅

[1] 译注：1968 年 5 月 3 日，巴黎大学索邦分校的学生上街游行，要求改革，事态不断恶化，逐渐变为社会各界的游行罢工。

[2] 译注：1811~1820 年英国所处的时期。

士的房间。房间具有某个从继承到巨额财富的顶端跌落而又努力在衰微的优雅中维护自己形象的人的气息。

这一印象被我所遇到的第三个巴克斯传道士的出现强化了。这位传道士就是吉尔比主教，他之前是大学的天主教牧师，一丝不苟地穿着简·奥斯丁年代英国国教牧师风格的衣服，身体前倾地坐在一把扶手椅中，仿佛在忏悔的过程中被打断了。沃特金博士穿着三件套的西装，衬衫的领子硬挺，他细细的脖子就像凹槽柱一样从里面伸出来，满脸多利安式[1]的严肃却在我解释我的身份时消散为浅浅的爱奥尼式[2]的微笑。我被介绍给那位主教，他隐藏了对我放荡不羁打扮的不赞同，只是用眼睛快速扫过我，之后起身握住我的手，仿佛是在欢迎悔过的罪人。他们两人开始用弗班克[3]式的暗示来谈论沃特金博士的新环境令人震惊的本质。他们两人之间的对话如同两名息影的演员，用他们最爱的诺埃尔·科沃德[4]的角色来安慰自己，而我在对话之中只是一名心怀同情的观众。

而实际上，随着我逐渐更深入地了解他们，我开始将他们两个人理解为有造诣的悲剧演员，他们选择了自己的角色，并选择一丝不苟地忠诚于角色。我这么说不是在提出批评，相反，他们已经理

---

[1] 译注：此处指的是希腊古典建筑中的多利安柱式，少装饰，给人以朴实、庄严之感。

[2] 译注：此处指的是爱奥尼柱式，装饰相对复杂，以浅浮雕为标志。

[3] 译注：英国作家。

[4] 译注：英国演员、剧作家。

解了自己所出生的世界的道德和审美混乱，他们每个人都意识到对这一世界唯一能做坦率回应的就是，将你的生活过成一种典范，这一认识证明了他们性格的强大之处。这就是对大卫·沃特金而言阿尔弗雷德·吉尔比扮演的角色，也是对我而言大卫·沃特金的角色。随着我逐渐了解大卫，随着他问候我的微笑从开始的爱奥尼式浅笑升级为极为科林斯式[1]的华丽喜悦，我发觉自己先是被激起了赞赏感，之后又开始好奇，一个人怎样才能像大卫那样生活，他极为浪漫的感情被局限在完全致力于经典理念的戏剧角色之中。他已经从主教那里吸收了这样的观点，而这正是主教现在教导我们的。我们周围全都是混乱，我们的首要任务是将社会所能承受的任何秩序强加于上，无论是精神的、道德的，还是美学的。可打破秩序的不是自由，而是杂乱、随意性和腐败；自由是秩序的一种形式，也是秩序的最高目标。这种想法我也已经有了，尽管是从1968年满是烟雾、玻璃四溅的巴黎街头得到的，而非从主教被抚养长大的乡间公馆里得到的，那间公馆现在是政府公屋的一处地产。当大卫和我就着一瓶波多尔干红葡萄酒坐下来时——正如我们其后经常做的那样，从瓶中快速流出的是对神圣秩序的祝酒，是对四周混乱的悲叹。大卫的房间是逃离现代世界的避难所，而他认为没有波多尔干红葡萄酒的避难所是不完整的：这是一个被我们确定的定理，而且经过反复论证，同时对比的原料是由彼得学院所提供的，其中包括非凡的宝玛

[1] 译注：此处指的是科林斯柱式，极为豪华富丽。

酒庄 1962 年份的葡萄酒、同一年份的雄狮酒庄葡萄酒，以及大卫只会在没有波多尔干红葡萄酒可买的情况下才会喝的大依瑟索 1961 年份葡萄酒，因为他认为绅士是不会在晚餐之后饮用勃艮第葡萄酒的。

大卫是我做导师的短暂时间里所结交的众多朋友之一。然而，在与学究式生活有关的各个方面，我都很反常：右翼分子、无产阶级、异性恋——这些特征中的任何一项都会引起质疑，因为拥有所有这些特征暗示着对于礼节的毫不顾忌。我一有可能就动身去伦敦，随身带着几箱 1961 年份的波多尔干红葡萄酒。但我和吉尔比主教一直保持联系，有时还会与他一起进餐。在他的教导下，我对于葡萄酒的理解又向前跨越了一大步。

尽管主教是巴克斯的传道士，但他也是基督的使徒，并热情拥护各种形式的秩序。他坐在其专属桌子边上的时间要少于他跪在他私人小教堂里的时间（两者碰巧都位于帕尔马尔街上的旅行者俱乐部里）。他确信冒犯是真理的本质，因此他被不愿加入英国国教的天主教徒的小圈子迷住了，坚守一项信仰："在天父的房子里，有很多宅邸，"因此死亡终究不会成为社会灾难。

他评论说，尤其有两种声音让我们归属于这烦恼的人世间：猎兔狗闻到活泼的兔子的香气时的叫声，以及波多尔干红葡萄酒酒瓶瓶塞拔出时砰的一声。他无法对政治做出准确的判断，也缺少音乐细胞，但他对于波多尔干红葡萄酒的看法是正确的。酒瓶的形状与葡萄酒的质地相结合，形成了滋滋的冒泡声，这种声音介于喃喃细语声与亲吻声之间。或许这证明了波多尔干红葡萄酒在其他方面拥有很奇特的英语名的合理性（当加斯科涅还是英格兰更为可爱的一部分时，当只有淡红色的波多尔淡红葡萄酒被运送时，这个名字被用在加斯科涅的葡萄酒身上）。

吉尔比认为波多尔干红葡萄酒最好在餐后饮用。它应该流入饱腹之中，然后以谈话的形式再次复活。该想法源于希腊人的会饮，我们应该将“葡萄酒与真理”（oinos kai aletheia）这一谚语归功于希腊人，而当罗马人接管之后这句谚语就变成了“酒中有真理”（in vino veritas）。在我看来，波多尔干红葡萄酒仍然有着一种独特的气味，是不应被狂饮而应被沉思的葡萄酒的气味，而且总是应该有合适的伙伴——当然，如果你与自己为伴达到了某种境界，也可以单独饮用它。而我发现，喝过一两杯葡萄酒之后，我与自己为伴就达到了这种境界。

吉尔比家族因其杜松子酒而闻名，但他们也拥有罗蒂尼酒庄，那是梅多克地区的一家中级酒庄，该家族于1875年获得了它，就在罗斯柴尔德家族获得拉菲庄园几年后，在整个地区被葡萄根瘤蚜摧毁的几年前。主教毕生致力于基督教事业，他从未怀疑过他的灵魂已经被波多尔干红葡萄酒以及波多尔干红葡萄酒在其爱好者中所引起的文明对话改善了。他的第二个传教士职位因此很自然地吻合于第一个传教士职位。他确切知道如何从葡萄酒单中挑选低调的波多尔干红葡萄酒，选出的葡萄酒就像他自己的罗蒂尼酒庄葡萄酒一样，不会自吹自擂，无论是在标签上，还是在酒杯中，不会显示出购买者的富有，也不会暗示客人的无知，只会带着清香和微笑从酒杯中升起，这一点在中级酒庄葡萄酒中更为明显，不仅仅是罗蒂尼酒庄葡萄酒，还有精致的乔治酒庄葡萄酒或是醇厚的波坦萨酒庄葡萄酒，它们朴素的产区都在上梅铎和普通梅铎。吉尔比教导我说，正是在这些质朴的波多尔干红葡萄酒所创造的内部景观之中，饮酒者的灵魂最常与葡萄酒的灵魂相遇。它们是适宜对话的葡萄酒，是需要倾听的葡萄酒。而且当主教向我解释天主教信条的正统观念以及在他的真福直观[1]中，它们似乎要求对我们划分等级时，这些葡萄酒成了与我们同行的“第三人”。我不赞同他的说法，但我很久以后在《温柔的遗憾》中写到了他的个性和哲学，我带着感恩之心和深厚的感情回忆了一位在为自己规划好的狭窄道路上一直向前的男子，他明亮的双眼注视着他的救世主所站的地平线。

在我带去伦敦的1961年份波多尔干红葡萄酒中，我只喝了一瓶。在我婚姻破裂后，它们作为我唯一的资产，陪伴我搬到了诺丁山的公寓，被贮藏在马路下面潮湿的地窖里。由于标签脱落了，当离婚需要拍卖这些葡萄酒时，它们被证明无法拍卖。然而，幸运的是，一位好朋友，同时也是勃艮第白葡萄酒迷的安东尼娅·弗雷泽当时正在引导她的丈夫哈罗德·品特对巴克斯进行更高级的膜拜。她说服哈罗德，没有储备1961年份波多尔干红葡萄酒的酒窖是不完整的，尽管这些酒的身份不得不由一位不值得信赖的哲学家来确定。哈罗德

[1] 译注：原文为beatific vision，在天主教中代表真福直观，指圣徒灵魂在天堂对上帝的直接认知。

将其全部买下，并慷慨地邀请我去分享第一瓶酒——一瓶歌碧酒庄葡萄酒。我们在一起坐了一个小时，坐在我们唯一曾观点一致的事物的两侧，我们的思绪固定在芳香的液体之上，我们将我们尴尬的微笑隐藏其中。

然而，我在剑桥时得到的一件珍宝一直陪伴着我。我设法得到了一瓶 1945 年份的拉菲庄园葡萄酒，那是最伟大的波多尔干红葡萄酒中最伟大的年份。我认为它太过于好，而无法与人分享，除非是和我还没有遇到的那个特别的人分享；而且由于它太好了，也不能独自饮用，除非是为了标记某个新的开始，某个我不能指望在其发生之前就意识到的转机。因此，那瓶酒就像护身符一样陪伴我走过生活的混乱时期。我时常感到消沉，而且喝很多酒。但在一个特定的点，我开始了我在《关于打猎》中描述的稳步向上的爬升，这一爬升使我从我玷污了名声的大学中被驱逐的傲慢之人这一初始位置，上升为作为猎狐犬悔悟的平凡拥护者的终极目标。我听闻威尔特郡有一个小巧的牧羊场，它的女主人想要将其卖掉。秋季时，我拜访了那个地方。灶台前坐着一个有着温柔面庞和娴静举止的女人，她在照看铸铁炉边上的加仑罐子。我听着气门里气泡舞动的声音，仔细观察着瓦片上黄蜂留下的小水坑。然后，我回家了。

一个月后，牧场是我的了。我独自坐下来享用我的珍宝，以此来庆祝这个意料之外的好运，我惊奇地看向古老的牧场那端名为山姆的马，这个生物的观点肯定比我的还要保守。

试图描述拉菲的风味是无果之举。它对鼻子、舌头和味觉的影响无法言语，我们也不应该用除鄙视之外的其他观点来看待一种新的习惯，这一新习惯与像罗伯特·帕克一样的美国葡萄酒评论家相关联，即给每瓶酒评出分数，就仿佛在一场艰难的长跑比赛中朝着获胜前行。给一种波多尔干红葡萄酒评分就好像给交响乐评分——仿佛贝多芬《第 7 交响曲》、柴可夫斯基《第 6 交响曲》、莫扎特《第 39 交响曲》和布鲁克纳《第 8 交响曲》都在 90 和 95 分之间徘徊。因此让我用敬重那瓶 1945 年份拉菲葡萄酒的真正原因来结束对我学徒期的这段简要概述。它是无价的和不可替代的，因此拔出软木塞是在向错误的路径做最后的告别。不仅如此，它还促使我整理并展开我的思绪，温和地并按照合适的顺序对待事物，以宽恕的态度回顾失败，面对未来却不去考虑成功的问题。葡萄酒催化了这些想法，但它没有导致它们的出现：因为它们本源自于我，源自于我内心中一直秉持，而在这一时刻之前一直禁止其以自决（Selbstbestimmung）的形式出现的一切。我逐渐明白了，我们通过给予来获得，我的好运气如果没有被分享就会是不完整的。我需要摆脱小气和怨恨，做到知足，而知足的味道就凝练在我啜饮的酒杯中。而我现在也得以回顾，从愚蠢地自作主张的年代一直回顾到那些安静、拮据的夜晚，当时果蝇飞舞在加仑罐上面，而我们的母亲忙于家庭的小型仪式。我的心情如此柔和，我就要见到能与我分享这瓶葡萄酒的那个特别之人了，这是否让人感到惊奇呢？

环法之行

古代观点视幸福为美德的副产品，认为美德悬挂在勇气、节欲、审慎和公正这四条“铰链”之下。这种古代观点没有详尽讨论道德的准则。它告诉我们应该如何关爱自己并关爱他人，但它没有告诉我们该如何关爱世界。我们发觉自己已侵犯自然秩序到了残忍的程度，因此我们直面大自然下达的绝对命令，必须以另一种方式生活。里尔克[1]在没有头也没有腿的古代阿波罗雕像的躯干上看到的，以及我们如今在被严重毁坏的土地的各个部分看到的启示就是：你必须改变你的生活。

想要做到这一点，我们应该仿效意大利的慢食运动[2]，以法国葡萄酒行业为榜样，即在对待对人类生活而言必需的所有事物时，我们应该为地方特色而战，而非捍卫全球一致；在对待所有多余的事物时，我们应该允许全球享受其空有其表的胜利。奢侈品的全球化

---

[1] 译注：德国诗人。

[2] 译注：号召人们反对食用按标准化、规格化生产的汉堡等单调的快餐食品，提倡有个性、营养均衡的传统美食。

会逐渐削弱其价值，而食物和饮品的全球化则会损害其他所有事物。近年来这方面的案例已经强有力地被呈现出来了，而我却吃惊地发现还有会对这些证据嗤之以鼻的政治家、经济学家、世贸组织辩护者、痴迷于欧洲的怪人以及其他肆无忌惮的乐观主义者。我们或许不能赞同乔治·蒙比尔特的观点，即全球化只能被全球民主控制。[1]但我们无疑必须接受他论述最开始的前提，即我们的资源，包括物质的、地理的、社会的和精神的，都被无视它们所造成的损害，也无能力修复损害的做事方法消耗殆尽了。

这么说并不是赞同发牢骚者的观点，他们把全球变暖归咎于人类消费，他们以此来压制我们的愉悦感。我不知道他们是否正确，但是他们也不知道。如果他们知道，他们就会说出科学的语言，而非类似于“千禧年宗教”的语言。与生态悲观主义者不同，我不会因旅行所消耗的能源而反对旅行。我反对旅行是因为它使人们徘徊于他们不属于的地方，让那些习惯生活在那里的人心神不宁，并消耗了那些地方所储存的精神资本。

我发觉在马姆斯伯里周围，还保持着当地特有的经济形态。那是因为农民靠以物易物为生，在这里可以忽视不要贩卖未经高温消毒的牛奶、未经检疫盖章的鸡蛋、家庭屠宰的猪肉或刚刚宰杀的鸡的法规。然而，当涉及当地的葡萄酒时，某些荒唐的规章制度开始

[1] 参见2003年于伦敦出版的乔治·蒙比尔特的《同意的时代：新世界秩序宣言》。

产生不良影响了。一位有进取心的邻居在附近的“诺亚方舟”里种植了葡萄藤，他在那里用雷司令、施埃博和类似的葡萄品种酿造出一种清爽的干白葡萄酒。他认真并科学地工作，将他的产品命名为“极乐”（英文为 Cloud Nine，直译为“第 9 号云”），为了纪念进入诺亚方舟的第 9 对生物乌鸦，它们在船桅四周的云朵里心满意足地叫着。他自豪地把自己的产品当作“英格兰式佐餐淡葡萄酒”出售。一条欧洲指令却告诉他将东西倒入下水道，否则他就将面临被起诉的风险。

使用不当的词汇不是“佐餐”或“葡萄酒”，而是“英格兰式”。这瓶酒声称归属于一个地区，而这个地区塑造了我，是我发自肺腑依恋的对象以及大部分记忆的主题，但这一区域是不被我们的政府承认的。正如英格兰人不被允许拥有自己的议会、自己的法律以及他们自己历史上的家乡，他们也不被允许拥有自己的葡萄酒。当然，联合王国还是被认可的。它有一种冷漠的、官僚主义的意味，不是一个地方，而是一个概念，与执政权力共享一个名字。然而，从官方角度来说，没有英格兰这一地区，而自豪地展示英格兰人现在可以像在撒克逊时代那样酿造葡萄酒并在标签上宣告这一点的人是在犯罪。

乔治·蒙比尔特对此并不担忧，因为他将国家忠诚感视为全球民主的障碍，而全球民主将从剥削者那里抢救出我们与生俱来的权利。我以另一种方式来看待欧盟的指令：这是对英格兰重新获得对加斯科涅主权的鼓励，对出售英格兰葡萄酒的鼓励，而这种葡萄酒是乔叟卖过的，所用的葡萄就生长在吉伦特的岸边。

因此，在我看来，意识形态与个人品位相一致。通过我的酒杯探索我视作精神家园的国家，我捍卫地方特色，对抗全球化。我会带着对在国际上知名的标有某种葡萄品种名称的葡萄酒的怀疑，前往法国的村庄和葡萄酒庄园，这些地方拒绝成为因一个名字而神圣的地方之外的任何事物。

能够在家里就品味到法国之前，我常常去那里旅行——其他一切欣赏这个国家的方式对于一个学生来说都太过于昂贵。那时，坐火车、坐船去巴黎要花费漫长的一天。那时，没人把环境看作受害者，他们都忙于视无产阶级为受害者，忙于酝酿对资产阶级压迫者的报复。到巴黎的慢节奏旅行被回报以一杯干白葡萄酒，我得以在北站一家咖啡馆桌边小酌，而这样缓慢的旅程足以证明距离之远。除了法语之外，有些地方所说的语言我都听不懂，而只有一两个阿拉伯居民区给出了我们今天所见证的蜕变的预兆。尽管如此，法国当时正处于困境之中。那些讲究其文化和身份的人被视为“种族主义者”、“法西斯主义者”和“布热德分子”[1]。萨特[2]忙于在《新法兰西评论》中写出自己反资产阶级的观点，福柯[3]正准备出版《词与物》。1968 年就像“来自其他行星的微风”一般即将到来。不久，法国就要破产了，因为精英阶层的孩子夺到了他们的遗产，并将其

[1] 译注：保障小商人和手工业者联盟。

[2] 译注：法国作家、哲学家。

[3] 译注：法国哲学家。

送到了当铺。

在那段过渡时期里，我通常会坐在比莱特街的一栋老建筑里，看着下面街上的古怪滑稽行为，当时叛乱的气氛已经很强了。我不时地会去拜访德斯蒙德，但我不再依赖于他的款待，我已经在毁灭性的学生群体的边缘建立了自己的世界，路易士·鲍维尔描写1968年的伟大小说《孤儿》成功地描述了那种学生群体。我将自己置身于真正的法国文学之中；我努力让自己熟悉天主教及其垂死的宗教仪式；我在窗下的小火炉上烹饪地道的法国饭菜；而当我可以负担得起的时候，我就会去尼古拉买上一瓶葡萄酒，我会带着那瓶酒，骑着我那辆老旧的小型摩托车，到从未到过的法国各地旅行。回顾这一切，并稍加思考，我可以说："活在那黄昏中真是无比幸福。"

当德斯蒙德倒出我第一次尝到的那杯普里尼—蒙哈榭葡萄酒时，他将我在他睡梦中从他手中拿过卓龙葡萄酒时所开启的大门大大地打开了。我知道了法国不是一个政治实体，或者说仅仅在表面上是。真正的国家和法治的国家如查尔斯·莫拉斯写到的，是相矛盾的。[1]对我而言，真正的国家是精神层面的事物。生产蒙哈榭的小葡萄酒

[1] 参见1937年于巴黎出版的查尔斯·莫拉斯的《我的政治观点》。莫拉斯作为两次世界大战期间法国民族主义的主要知识分子力量，以及维希政府的支持者，并不刻意去隐藏自己的反犹太人观点。他已经从合法的思想家名单中被删除了，这种事发生在像莫拉斯一样疯狂的、怀恨在心的、恶毒的右翼作家身上是很正常的，但是，唉，却从未发生在像萨特一样疯狂的、怀恨在心的、恶毒的左翼作家身上。

庄园横跨夏山和普里尼的公社，利用霞多丽葡萄酿造出的葡萄酒，只有毗邻的歇瓦里耶—蒙哈榭和巴塔—蒙哈榭葡萄酒庄园酿造的葡萄酒才能与其相提并论。唯物主义者、酿酒师和葡萄酒迷对此有如下解释：露出地面的一小点儿巴通阶石灰石从当地的泥灰岩中渗透到这些葡萄酒庄园正下方的表层土里。但这一最新发现并没有什么真正的重要性。一种伟大的葡萄酒是一种文化成就，并非新教徒、无神论者或进步的信徒所能取得的，因为它有赖于地方神灵的存活。天主教赐予法国的最伟大的财富之一便是为受创的古代之神提供了庇护之所，给他们提供圣人和殉道者的服装，用从天堂带下来给我们所有人的饮品来祝福他们。简单地说，那就是为什么法国葡萄酒是最好的原因。

普里尼的每一英亩土壤都有自己的被神化的历史，在这段历史中圣人和罪人协力将葡萄神圣化。你无须去花钱买一瓶蒙哈榭葡萄酒或一瓶歇瓦里耶—蒙哈榭葡萄酒来证明这一点。近几年，我已经在酒杯中探访了普里尼的村庄。尽管我从未踏足那里，但我可以说，我了解它的每一英亩土地，而且固执地采用了欧洲委员会委员将要定为非法的度量标准，因为它描述了官僚的法律领土之下真正的沃土。在这些人的心中，欧洲已逝。

这又让我回到了“地域主义者”与“机械主义者”的争论之中。对于前者而言，葡萄酒应该被理解为土壤的“表达”；而后者则认为重要的是葡萄，而非土壤。最近这一争论因乔纳森·诺西特的电影《美酒家族》而为大家所知。正如我随后会说到的，这不是一个容易化解的争论。我们强加给葡萄酒的意义不是由一个“方面”决定的，不像通过画面讲述的故事一样直接展现在我们所看到的内容之中，我们自身文化素养的不同，也决定了我们对葡萄酒的理解会很不相同。那次与卓龙土壤首次面对面的相遇并非毫无准备。我有机会体验到这一切，都得益于巴尔扎克和福楼拜、枫丹白露宫周边的村庄、德彪西[1]前奏曲以及柏辽兹[2]为戈蒂埃[3]谱写的乐曲所传输给我的知识，当然还有普鲁斯特。无论我在玻璃酒杯中品尝到什么，我都会提前知晓那是法国的一部分——那个法国已然是我的精神家园，我的一部分自那时起便属于它，即便那个法国现在已经被掩埋在多文化的法律定义的国家之下。

这说明，将一种葡萄酒描述为对土壤的“表达”，不仅仅是夸张的说法，同时还会从根本上误导人。葡萄酒之于土壤，更像是教堂尖塔之于其下的村庄，那是意义的延伸。而只有当我们拥有可以产生该意义的文化和信仰时，葡萄酒才具有这一意义。“盲品”非常容易误导人的一个原因是，我们放到唇边的不只有葡萄酒本身的味道，你无法通过“盲品”来了解一种葡萄酒的美妙之处，正如你不能通过蒙住双眼去亲吻一位女子来了解其美好。因此，我对法国葡萄酒的判断不会被认为是完全正确的，但也不应该被彻底否定，而“盲品”中法国葡萄酒往往落后于其他地区。

---

[1] 译注：法国作曲家。

[2] 译注：法国作曲家。

[3] 译注：法国作家。

30 年前，英国葡萄酒商人斯蒂芬 · 史普瑞尔在巴黎的一次“盲品会”上将加利福尼亚葡萄酒与法国经典葡萄酒摆到一起。齐聚一堂的法国专家非常惊恐地发现，他们偏好的居然是美国的“入侵者”。一位评委要求将自己的评分卡拿回去，其他评委则埋怨说史普瑞尔先生故意影响品酒过程。史普瑞尔先生一度成为不受法国葡萄酒庄园欢迎的人。然而，这则故事的结局却能揭露一个事实。这一“盲品会”的第 30 周年庆祝最近拉开了帷幕。最早的法国葡萄酒制造商中，由玛歌酒庄的保罗 · 庞塔耶领头，有三家拒绝参加。此次活动也没能让欢聚一堂的场面出现在加利福尼亚州。获胜的霞多丽葡萄酒的所有者詹姆斯 · 巴雷特与之前合作的酿酒师一直争论不休，那是一位不好对付的克罗地亚人，他的名字“格吉驰”听起来也很拗口，而正是他成了巴雷特的竞争对手。巴雷特和格吉驰无法受邀参加同一活动，因为他们看对方都带有一丝怨愤，这刚好证实了尼采关于民主文化的观点。整件事确实是关于怨恨的最直观的反面教材，也证明了人类本性中存在的罪恶的骄傲。[1]

在我看来，所有改善这种骄傲态度的方法之中最妙的莫过于饮用葡萄酒。而我不明白这怎么没能在庞塔耶、巴雷特和格吉驰这几位先生身上起作用，这显然证明了他们缺少了解其葡萄酒真正含义所必需的因素。一两杯酒过后，我发现自己可以做我们所有人都应

---

[1] 这则故事是乔治 · M. 泰伯在 2005 年于纽约出版的《巴黎评判》中讲述的，也可参见附录部分“施特劳斯”的词条。

该做的事——为自己竞争对手的成功而雀跃，只是骄傲禁止我们这样做。毕竟，成功者的世界要好于失败者的世界。在葡萄酒的作用之下，所有的成功都会为饮酒者增光添彩。葡萄酒让我们得以瞥见世界的永恒形式，美好的事物在其中展现出价值，无论所有者是谁。

历史便是这些美好事物中的一个。“盲品”认为，葡萄酒只作用于感观层面，文化在葡萄酒的品鉴中不起任何作用。然而，觉得自己可以只通过葡萄酒的味道和香气就能对其进行评判，就像是认为自己在不懂汉语的情况下通过发音就能评判一首中文诗歌一样。正如对理解文字含义的人来说，文字的读音听起来会有所不同，葡萄酒对于可以确认其出产地点和时间的人而言味道也是有所差异的。1976 年击败武当王而位列第一的赤霞珠红葡萄酒“鹿跃”，是由一位叫维纳斯基的先生用嫩葡萄藤上的葡萄酿造而成的，这些葡萄摘自一家酿酒厂的新葡萄园。该酿酒厂创建于 1972 年，其所在地的葡萄酒产业由一个自封的匈牙利伯爵于 19 世纪开创。仔细考虑所有这些问题，你就会认可在武当王被重新分类为“优质”之前，让每一瓶武当王荣耀生辉的箴言——“我不能第一，我不甘第二，我是武当王。”（这句箴言改编自骄傲的罗汉公爵的箴言，原文是：“不能当国王，不甘作王子，我是罗汉。”），捕捉到了“培育”武当王的难以捉摸的特质，这一特质与世系只有些许关联，与文化、所属地和敬意关系更大。

换句话说，我对土壤的辩解不仅仅指蒙哈榭酒庄的泥灰岩之下露出的那点巴通阶石灰石。还包含作为一个道德观念的勃艮第公国；

包含了普里尼克斯的拉丁名称及另一个“蒙哈榭”（Montrachet 中的两个 t 都不发音），以及许多在其周围的名字——夏罗美、雷福特、封闭的梅克斯、富丽叶园——这些名字并非天生就有，而是在人类与土壤的长期接触中发现的；包含了梅兹雷修道院的西多会修道院传承了几个世纪的葡萄栽培术；包含了有着干砌石墙和木质大门的葡萄酒庄园，还有从清晨到夜晚捕捉每一缕阳光的蒙哈榭高原。所有这一切以及更多的元素都融入了那种葡萄酒中，在大仲马看来，你应该跪着喝它，脱帽致敬。那种葡萄酒完全凝聚了希腊人称为谦虚的美德，即坦诚地承认另一个人比你自己更重要。

到访勃艮第的游客（包括那些像我一样只在酒杯中游览过那一区域的人）将被中世纪的小镇和村庄，以及影子像祝福一样落在地上的修道院和教堂迷住。他们会在周围感受到促使勃艮第公爵成为伟大的中世纪统治者的历史和宗教，而且他们会了解到这片土地的神圣：几个世纪以来，它被祝福、劝诱及祈祷，许多葡萄酒庄园都由僧侣打理，对他们而言，葡萄酒不仅仅是一种饮品，还是一种圣餐。许多世纪以来，勃艮第都是欧洲基督教传教工作的中心，本笃会[1]以克卢尼修道院为中心，而西多会则在西多和克莱尔沃修道院。即便在这个怀疑一切的年代，对于勃艮第人来说，他们的葡萄藤也比一般植物更具灵性，他们的土壤也比一般泥土更为神圣。

教会积极参与对罗马时代老葡萄酒庄园的重新修葺和复原，而

[1] 译注：天主教的一个隐修会。

勃艮第的统治者从中发现了巨大的经济利益。14世纪，“大胆的”菲利普公爵通过消除“危险的”佳美葡萄，并禁止种植除黑皮诺之外的所有葡萄品种，而使勃艮第红葡萄酒成为一种奢侈品。他极为严格地保护自己葡萄酒的声誉，即便他的妻子弗兰德斯公爵夫人玛格丽特也不得在来自她的葡萄酒庄园的酒桶上刻上令人垂涎的“B”。一个世纪之后，“善良的”菲利普公爵走出了同样重要的一步，即禁止他的国民在山谷里种植葡萄藤，因此将葡萄酒庄园限制在科多尔和夏隆内丘的范围之内，那里的土壤排水良好又很贫瘠，正适合葡萄藤所需的生长。正是菲利普的赋税官——一生都在搜刮勃艮第人民的财富的尼古拉·洛兰，临终时建立了著名的伯恩济贫院，并捐赠给它一座葡萄酒庄园。到了每年的出产季节，这家庄园酿造的葡萄酒都要在伯恩市政厅进行拍卖。这一拍卖同时也是一个节日，勃艮第人恢复了对于他们的历史、他们的产品和他们的圣人的依恋。它让游客彻底了解到，勃艮第不是一种酒，而是一种文化，而且像酒神狄俄尼索斯一样每年都在自我更新。

大革命破坏了教会对那片山水的把持，并导致了小修道院的背弃。教会的土地转到了当地的资产阶级和农民手中。随后，《拿破仑继承法》开始实施，从此每位土地主人的离世都会导致土地被分割。小块毗邻的土地可能由不屑于相互效仿的邻居种植，而125英亩的伍爵园如今被分割为80个所有者所有。确实，大商人在进驻葡萄酒贸易，而且许多庄园已经为“匿名的公司”所有。但大多数葡萄酒庄园都并未被收购，并有一定的知名度。它们由当地的家族拥有和打理，这些家族许多都是农民出身，每个家族都为自己与众不同的葡萄栽培传统而自豪。因此，我所知道的葡萄酒中没有像勃艮第红葡萄酒一样包含这么多种口味的——种类确实太多了，你很难相信那全是由一种葡萄酿造而成的。想要品味真正的勃艮第葡萄酒，你必须让它发酵至少 5 年，经过这段时间，酒瓶中就会发生奇妙的变化。葡萄的味道逐渐退出以后，首先留下的是村庄，之后是葡萄酒庄园，最后最突出的就是土壤本身。历史的关联以味道和气味的形式变得鲜活起来，祖传的特质看起来像是隐藏的家族特征，而那种和克莉奥帕特拉的鼻子一样独特的勃艮第香气，像神一样，停留在酒杯的边缘。年代久远的勃艮第葡萄酒的香气就像是坟墓之上慢慢腐烂的腐叶土，是一种柔和的、甜蜜的、带有麝香味的发酵，是在坟墓之下分解腐烂的罪人活着时的最后一丝气息。

在探索勃艮第葡萄酒时需要记住的最重要的事就是，世界上满是既非常富有又非常愚蠢的人，他们花费极多的钱来购买他们一无所知的产品，而他们唯一知道的就是其他同自己一样富有又愚蠢的人也在花大量的钱买那些产品。这些人对于我们其他人来说极有帮助，因为他们给文化出了高价。因此你可以立刻知道你无法负担得起蒙哈榭葡萄酒，但可能还负担得起去隔壁游览一下的费用。

以著名的高登丘为例。该地出产另一种非常好的勃艮第白葡萄酒，即著名的高登—查理曼，这也是你我负担不起的。这座山丘坐落于阿罗克斯—高登和贝纳德—维基莱斯之间。这些名字告诉了你高登是阿罗克斯最著名的葡萄酒庄园，而维基莱斯小岛庄园是贝纳德最著名的（尽管如此，还是不太为人所知）。查理曼庄园是查理曼大帝于公元 775 年赐给萨利欧修道院的葡萄酒庄园，坐落于高登丘合宜的山坡上，不在阿罗克斯之上，而是在贝纳德上面。维基莱斯在它的下方，种有黑皮诺葡萄。然而，在这两者之间还有一座名为“努瓦次”的小葡萄酒庄园，它既不是像查理曼一样的特级园，也不是像维基莱斯一样的一级园，而是贝纳德一个出产简单的公社葡萄酒的庄园，种植霞多丽葡萄，并酿造香味细腻干净，口感醇厚，带有浓浓坚果香气的葡萄酒，而这几点正是卓越的勃艮第白葡萄酒的标志。斥巨资购买高登—查理曼葡萄酒的人中很少有人曾听说过贝纳德—维基莱斯，听说过努瓦次的就更少了。我很不愿意告诉你们这个，但如果我不提及它的话，这一章的意义又何在呢?

发酵分阶段地进行，有些很快，有些很慢，而每一阶段都有其独特的副产品。就白葡萄酒而言，两个阶段格外重要，那就是苹果酸生成阶段和乳酸生成阶段。苹果酸（malic acids，来自拉丁语 malus，指苹果）赋予了葡萄酒新鲜感，而乳酸（lactic acids，来自希腊语 laktos，指牛奶）则赋予了葡萄酒更为油滑的质地。橡木桶的运用为葡萄酒增添了橡木的香草味，同时促进乳酸发酵。技巧在于把握好度。勃艮第实践了这一技巧，应该公平地说，这项技术只在加利福尼亚州最好的酿酒厂中没有被搞砸，但在其他几乎所有地方，都被搞砸了。最棒的勃艮第白葡萄酒拥有第一次发酵中所有的新鲜感和酸度，这些又因木桶深沉、柔软的号角声而和谐了。

这并不意味着我们应该忽视那些颜色更绿的葡萄酒，在这些葡萄酒中葡萄的新鲜感仍然存在并激发着。其中最著名的，拥有它们自己产区的，就是“夏布利”。夏布利位于夜丘的北部，其葡萄酒仅在名义上属于勃艮第葡萄酒。即便在旧橡木桶中成熟时，夏布利也像玻璃一般，透过它，侏罗纪的泥灰土和石灰石中明亮的矿物质像被溪水打磨光滑的鹅卵石一样闪耀。没有比它更适合做贝类、用白酱汁调味的鸡肉的佐餐酒，以及海顿三重奏的配酒的葡萄酒的了。但是夏布利最好的搭配就是更多的夏布利，当夜幕降临时，坐在桌前静静地啜饮。

夏布利往往占据霞多丽谱线中苹果酸一端的位置，不同于其他与其味道一样浓烈的葡萄酒，它可以将绝对的纯粹与丰富且充满阴影的个性相结合，就像简·奥斯丁笔下的爱玛一样。它应该被保存几年，以便其成长，就像爱玛那样。该葡萄酒分为四级：小夏布利、夏布利、一级夏布利和特级夏布利。最后提到的特级夏布利是来自约纳河右岸的甘美、芳香的葡萄酒，很能经得起陈化，可能需要花费十年或更长的时间来成熟。

两种略低端的勃艮第白葡萄酒伴我度过了思想转变的时期，值得在此处被提及。它们阐释了一个我将在后续章节中集中说明的真理，即我们从葡萄酒中学到东西同时，我们还会被带回到葡萄酒中去。我从米开朗基罗那里学到了母爱的感染力和受难的神性；我从莫扎特那里学到了将最为深沉的悲伤转化为喜悦的希望；我从陀思妥耶夫斯基那里学到了宽恕，以及灵魂是如何被宽恕净化的。这些领悟的礼物是由艺术带给我的，而我从葡萄酒中学到的则是从我心里向上涌起的：对于我逐渐了解到的东西，饮品是催化剂，而非原因。

在那瓶庆典性的1945年份拉菲葡萄酒被我开启后不久，我就要做一个重大的决定。我应该离开在波士顿大学的半工制教授职位吗？这个职位已经让我一只脚踏入了学术界。这个问题与我新的独居生活同时出现。我在马姆斯伯里附近一座损毁的牧羊场里开始了我的独居生活，我当时的职责就是恢复那座牧羊场。面对这个问题，我肯定的回答凭借的是，每当我请自己饮用蒙塔尼葡萄酒时像酒杯边上饥渴的幽灵一样聚集的想法。我每晚都请自己饮酒，而蒙塔尼葡萄酒是我在布里斯托尔一家经营酒庄葡萄酒的小型家族企业发现的。这种葡萄酒产自比塞—苏—克拉考德镇的莫伊罗茨庄园，而这些名字让我回到了我的精神家园，那里远离我在威尔特郡农村的新家。莫伊罗指的就是一片沼泽般的地块，而梯田之下的那些潮湿地块在葡萄酒的清新之中被勾勒出来。这种葡萄酒的深度给人爽口、清澈的感觉。莫伊罗茨有一种像指针一样的警醒特点，而它指向的就是我在看着母牛在窗外反刍，并沉思过去所犯的错误和对未来的希望之时，心中已经想好的解决办法。从那时起，我一直确保酒窖里存有一箱莫伊罗茨葡萄酒。

10年后，我回到了美国。我的妻子继承了一栋海边小屋。我们将其卖掉，用卖房子的钱买下了弗吉尼亚州的一个农场。那是个疯狂的举动，因为那里的房子是18世纪时的宅邸，已经被废弃了25年，空旷、萧瑟、残破地立在牧场上，就像为美国南部联盟的死者所建的纪念碑一样。有一个月的时间，我都独自坐在毗邻的小木屋里为此沉思着，这是我给自己强加的任务中最新且范围最大的。在夜间，我听到土狼悲凉的号叫声，以及可能是美洲狮的动物偶尔发出的吼叫声；在白天，我听到秃鹫在那些食肉动物留下的残余食物上盘旋时所发出的哀怨呼叫。山谷里榛子河在石头间汩汩流动，时而会有一只在那里吃草的黑色安格斯小母牛用湿润的口鼻顶住窗户，凝视着我，为在已经空置数年的这座小木屋里出现生命而感到好奇。

有时我走向牲口棚去观察屋梁上的白色猫头鹰。它会仔细观察在它庄严的喙之下的我，被我无所谓的态度所冒犯。当太阳照到一只坐在小木屋台阶前的树墩上沾满尘土的红色土拨鼠时，我会打开门，看它懒洋洋地滚进它的洞里。在横跨牧场的溪流中，我发现了鲦鱼、蛇、青蛙和小龙虾，而发出噼啪声的乌龟会从它们的壳里伸出它们拇指姑娘一般的面庞，就像穿着白色硬质圆领的说教牧师一样。我回想起我童年时代的英格兰，当时一个沉入小溪里的果酱罐也能提供数小时的教诲。我在再次体验我差一点忘记的经历，倾听、观看，并偶尔惊惶地盯着我分享了其领地的生物，它们正当但却无效地采取行动驱逐我。而我则开始相信我从包含众多可能性的庞大储备中不小心抓住的未来。

在那些奇怪的新环境中，我不得不直面全新的抉择，这与一场冒险有关。要不是我想要做自己命运的主人的自私的需求，这一冒险就永远不会被强加于我无辜的妻子和孩子身上。如何采取下一步行动？如何将美国这个远离赋予我生命的英格兰和赋予我灵魂的法国的国家理解为一个家？这是困扰我的问题。而与此同时，我究竟能喝什么？当我在弗吉尼亚州华盛顿（为了不与华盛顿特区混淆）的乡村商店里发现一批马莎内白葡萄酒时，后一个问题得到了解答。

玛莎内就坐落在第戎的南郊，它是由特酿的贸易发展起来的地方，这一贸易如艺术品的贸易一样正是法国城市所需的。然而，从1987年起，它开始享有自己的声誉，其独特之处在于它注册了所有三种颜色的葡萄酒：红葡萄酒、白葡萄酒和桃红葡萄酒。它在另一个方面也很不同寻常：夜丘只出产非常少量的白葡萄酒，而玛莎内白葡萄酒则精确复制了伯恩丘白葡萄酒的品质，价格通常却便宜得多。来自布鲁诺·克莱尔酒庄的2001年份葡萄酒最终在小华盛顿的价格是每瓶18美元。如果要驱散匆忙划过我脑海的阴云，这种葡萄酒是必需的，也是我能负担得起的。

只有摆脱廉价的加利福尼亚霞多丽葡萄酒的人才能充分欣赏马莎内白葡萄酒的优点。马莎内白葡萄酒就像一幅杰作的摘要一般，虽然并不能代表杰作的全部，却激发了人们想要了解杰作的渴望。我在老房子的门廊上啜饮它，望向山丘，血红色的瀑布沿着山丘向下冲击，征服了一棵又一棵树。而从这杯来自旧时法国小角落的酒，美国的轮廓突然鲜明地凸显出来。美国没有像英格兰和法国那样成为一组固定模式下的产品。它是那些自由选择的人所做的无数决定的副产品。从某个拔高的角度来判断，他们中的许多人本该没有他们现在那么自由。但那就是这个地方的本质。而只有蠢人或懦弱之人才会在没有自救就什么都不会发生的地方放弃做决定。那杯浅黄色的马莎内葡萄酒指明了我随后走上的长长的道路的方向，我在一个能够坦荡地抒发感情，且几乎表里如一的社会里，找到了新职业、新朋友，还为我的家人找到了新家。

在顶级的马莎内和低端的蒙塔尼之间的某版本勃艮第精炼白葡萄酒的酿造地，满是含有“丘”字的地名。那里的一些村庄相当知名：金丘上的奥塞—都雷斯、圣罗曼、圣奥宾，以及夏隆内丘上的吕利和吉弗里。但却是几乎毫不知名的拉都瓦村首先让我开始思考至今仍极为困扰我的问题，我会在本书的第 5 章和第 8 章中讨论这一问题，即偶然的存在的问题。在思考这个问题的过程中，我得到了来自另外两个地方的帮助，一个几乎不为人所知，而另一个则因其红葡萄酒而闻名于世，但几乎无人知晓它还出产白葡萄酒。那个几乎不为人所知的地方是马朗日，是金丘之下沼泽般的无名之地，既不是村庄，也不是宗教分区，而只是一个释放这座山丘的酿酒能量的地方。

另一个地方是一个旧时之神不仅把它当作自己的栖身地，还留下了自己名字的地方。墨丘利（Mcrcury）对于万神殿而言是个后来者。他的名字源自 mercari，即“贸易”，他是商人之神，带有希腊神祇赫尔墨斯的特征。然而，他只与赫尔墨斯在表面上有关联。在阿文庭山[1]上有一座供奉墨丘利的神殿，随着罗马人扩居到高卢，神殿在定居点间如雨后春笋一般林立，成为像现今的股票交易所一

[1] 译注：罗马的七座山丘之一。

样充满人类的贪婪和对神圣恶意且迫切的祈祷的场所。

这些神殿中有一座将自己的名字赐予了夏隆内丘的村庄，在短暂的没落之后，这座村庄现在与和它同称为圣马丁苏蒙泰居的邻居一道，是葡萄酒爱好者地图上一个重要的地点，也是产生与神的交易的源头。在那些日子里贸易之神仍能倾听到人们的祷告。在每年出产的300万瓶左右的梅尔居雷葡萄酒中，大约有十分之一是白葡萄酒，而其中大约又只有十分之一有资格称自己为“一级”。但是如果你的眼睛落在一瓶这样标识的葡萄酒上，你就应该感谢贸易之神让你拥有好运。一级酒庄的梅尔居雷白葡萄酒带有真正的勃艮第白葡萄酒所特有的和谐和苹果芬芳，将以你可以负担得起的价格为你提供面临形而上学的困难时的完美伙伴。

在蓝岭山脉的荒野中，我面对的是原始的寂寞，这种寂寞在美国的城市中被消除了，它在郊区窗户之外平坦的草坪上徘徊而不再露面。这种寂寞在以追求自由为生存原则的社会是不存在的。在法国，平等和友爱已经消灭了自由，因此寂寞在法国也就是真正的寂寞。这种寂寞不是你能通过自由选择而摆脱的，而是来自社会之外的，它使人与公众的舒适感相割离，使人无力、无助、孤独。这就是我在法国度过的那一年里我的状态，当时我离开剑桥，在波城大学学院开始担任讲师的职位。我住在波城盖弗河上游高地上一处名为拉珀尔（Le Bue）的老旧农舍里，“拉珀尔”在濒临消失的贝阿恩语中是“雾”（les brouillards）的意思。确实，房子常常因雾气而与外界隔绝，随着冬日的临近，会持续数日饱受绵绵不绝的雨水的浸泡。我独自在那里，没有钢琴、收音机和留声机，这些我都负担不起。我所拥有的只是几份乐谱——贝多芬的四重奏、瓦格纳的歌剧以及舒伯特的抒情曲。

然而，虽然与音乐隔绝，我却开始思考音乐。不久我就确信，没有比音乐的本质和意义更难懂和更重要的哲学问题了。我试图让思绪围绕表达的问题展开：说一段音乐表达忧伤指的是什么？我们如何才能证明那一判断的正确性？为什么它很紧要？我全力应对旋律的概念：它是什么？当声音已经停止时旋律如何会继续？以及和声的问题：和弦和“同时性”之间有何差异？当两种声音相协调时，结果是两个事物在一起，还是产生了一个新的单独的事物？以及关于音乐深度的问题：为什么我们说贝多芬晚期的四重奏很深刻？不了解这些四重奏的人的世界里缺失了什么？

在我着手处理这些问题时，葡萄酒起到了一小部分作用。拉珀尔坐落在朱朗松高地（在比利牛斯山脉无比美丽的山麓丘陵之上），从朱朗松村之上开始，跨过源自波尔的河流，绵延 30 英里，直至群山边上的白色碎石坡前。在牧场的一片片“浪潮”上，宽顶的农场建筑像带篷的渔船一样摆动。在冬日少见的晴朗日子里，我透过窗户俯视沿斜坡建造的葡萄酒庄园，这些庄园涌起自身的小波浪，在山坡上泛起涟漪，直至突然间消失在地平线上。

当人们种植葡萄藤时，和平到来了；而当他们挖取石油时，和平终结了。因此，当突然在高地之下发现石油时，他们的宁静消失了。拉克的精炼厂排放出的烟气摧毁了我们的葡萄酒庄园，而只有距离更远的法定产区幸免于难。现在石油已经耗尽了，朱朗松带着由当地的大满胜葡萄酿造的干白葡萄酒，以及由大满胜葡萄和小满胜葡萄混合酿造的持久力好的甜白葡萄酒，回归为重要的葡萄酒产区。后一种葡萄酒的甜味归功于自然干缩，也就是在夏末拧转梗部，以便葡萄在阳光下失去汁液并皱缩。这种葡萄酒的不同寻常之处在于它将甘美的甜味与锋利的酸度相结合。因此，朱朗松甜葡萄酒可以搭配最为美味的菜肴。的确，没有哪种葡萄酒比它更适合去除脆皮油封鹅的油腻感。当地人会在一餐中从头至尾都喝朱朗松甜葡萄酒。那些了解这种葡萄酒的人无疑会赞同科莱特[1]的判断，她将其描述为“一位耀眼的傲慢王子，和任何伟大的诱惑者一样狡诈”。

波尔在天使般的纳瓦拉[2]玛格丽特女王的统治下，曾经是人文主义的中心，玛格丽特女王就是《七日谈》的作者；波尔在玛格丽特女王的孙子亨利的统治下又成为清教徒的领土。亨利四世在成为法国国王时，不得不接受天主教，不过他仍然颁布了《南特敕令》，使加尔文主义合法化，并在他的出生地为反常行为创造了一种避难所。当威灵顿的半岛战役最终把他带到波尔时，他疯狗般的官员中有许多人对于在朱朗松高地定居感到非常自在——我的女房东就是其中之一的后裔。亨利·詹姆斯[3]笔下的角色通常在波尔度过他们庸庸碌碌的人生中的某段时光，甚至在我年轻时，镇上还有一家英

[1] 译注：法国女作家。

[2] 译注：中世纪时期位于西班牙东北部和法国西南部的王国。

[3] 译注：美国文豪。

国商店，有两个古怪的老头贩卖亨氏烤豆、PG Tips 红茶[1]和HP酱汁[2]，这些东西都被放在标签已褪色成统一的牛皮纸一样的黄色的容器中。作为对我们的国会所实施的“暴行”的回应，现任波尔市长已经决定组建一群市政性质的“猎狐犬”，得知这一点我并不感到惊奇。

朱朗松甜葡萄酒是亨利四世洗礼仪式上的用酒，随后又成为纳瓦拉所有王室庆典上的用酒，并被拉马丁[3]称赞为宗教思想的佐餐酒。我近几年一直在寻找能与装在满是灰尘的酒瓶中的1953年份和1955年份的葡萄酒相媲美的朱朗松甜葡萄酒，而我的邻居鲍莱特先生会在周日下午吃过他的豆焖肉之后开启1953年份或1955年份的葡萄酒。那些油状的、惹人怜爱的“糖浆”，带着它们饱满的浓香，会将鲍莱特先生半小时的独白，从农民的抱怨转变为赞美的圣歌。不知怎的，没有别的朱朗松葡萄酒能比得上鲍莱特先生的。但正是一瓶1955年份的无甜味香槟帮助我理解了我为什么应该致力于对音乐哲学的研究。

一伙学生一天坐着“两匹马力”（Deux Chevaux）的小汽车来了，带着奶酪、葡萄酒和吉他。我教他们分两个声部唱英国的圣诞颂歌，他们教我欣赏“在清泉边，一个女子在裸浴”[4]。这是一场交

[1] 译注：英国著名红茶。

[2] 译注：产自英国伯明翰的著名酱汁。

[3] 译注：法国诗人。

[4] 译注：法国诗人和歌词作者布拉森斯的歌词。

易，而到了最后，简单说来，我们在一起玩得很痛快，尽管困扰我的是他们对经典几乎没有表现出什么兴趣。在20世纪60年代的法国农村，音乐意味着传统歌曲，外带一点琵雅芙、格蕾科、普莱维尔以及布拉森斯的歌曲，而到处又有对巴迪·霍利、埃尔维斯·普雷斯利和查克·贝里的让人困惑的欣赏[1]。

我开始告诫他们，却马上就陷入了问题的泥沼之中。那就是为什么对音乐的品位很重要？毫不了解贝多芬奏鸣曲的他们终究错过的是什么？为什么交响乐这么重要？为什么他们应该对那个被称为披头士乐队的组合感兴趣？而我试图强迫他们当作流行灵感的制高点接受的英国民歌又有什么非常特别之处呢？我把自己说到了死胡同里，我就站在那里，边上来自马提尼克岛名为路特斯的美丽女孩露出自己如珐琅般的贝齿大笑。就是那时，皮埃尔从他的帆布背包里拿出了那瓶1955年份的朱朗松葡萄酒，那是他从他父亲的酒窖里偷出来的，他把它递过来，说那是给我一个人的。我打开它，倒满一杯。满胜葡萄酿造出的葡萄酒味道浓郁，带有柑橘的清香，余味悠长，放在瓶中10年后，仍有着奇妙的芳香，且个性鲜明，色泽金黄。入口芳香，带有泡沫的口感，接下来在上腭上变得干爽，如同微波在沙滩上消失一般，而那种干爽的味道拯救了我。像鲍莱特先生一样，我停止抱怨我不喜欢的事物，转而开始赞美我喜欢的事物。

---

[1] 译注：琵雅芙、格蕾科、普莱维尔、布拉森斯，均为法国著名歌手；巴迪·霍利、埃尔维斯·普雷斯利、查克·贝里，均为美国摇滚歌手。

我寻找对我而言有意义，也会对他们有意义的词汇，来说明我如何通过在脑海中演奏贝多芬的交响乐而在朱朗松高地保持理智，以及我如何做到走在雾气中，而那些交响曲的阳光却永远留在心中的。

距离朱朗松最近的红葡萄酒产区是马迪朗，我在学徒期也会喝马迪朗的葡萄酒，几乎像欣赏其荒诞的低价一样欣赏其深沉雄浑的个性。在中世纪时期，马迪朗葡萄酒是朝圣者前往圣地亚哥·德孔波斯特拉时所带的葡萄酒。他们随身带着这种葡萄酒，不愿忍受西班牙北部的葡萄酒——在这一点上他们完全被误导了，我会在下一章中具体说明。马迪朗葡萄酒是用当地的塔那葡萄酿成的味道浓郁、层次丰富的产品，呈紫色，味香，保存期长，而且在瓶中存放几年之后，就会像母亲的脸颊一样柔软、随和。我待在比利牛斯山脉的那一年间，马迪朗葡萄酒是我精选的红葡萄酒，到了后来，我回到剑桥时才被波多尔干红葡萄酒迷住。

在那段时间，我骑着我的小型摩托车游览贝阿恩和巴斯克地区的村庄，有时去更远的朗格多克，总是在教堂里逗留，吸收它们潮湿、虔诚的沉默，与四周的长眠之人共处一刻。法国已经因大革命和反复的战败，因国人的叛国、充满敌意的移民和社会主义国家的崛起而变得衰弱；但其风景仍是神圣化的，在查理曼大帝和圣路易之间的年代里，葡萄酒庄园开始生根，法国的每一英寸土地都有其圣洁的守护者，守护者的名字通常会成为当地的名字，随着时间的流逝，像溪水中的石头一般变得平滑而光亮。因此，虔诚和方言的缓慢的变迁将圣西多妮的名字打磨为圣桑，将朴实的圣让古变为如天使般纯洁的圣艾修伯里。这些名字代表了起源于一个地方、一种信仰和一种语言的国家的原古的记忆。所有这些都被普鲁斯特出色地传达了出来。对我而言，贡布雷的牧师是残骸之下真正的国家的象征。

有些村庄的名字让人吃惊。例如，位于博若莱的圣爱的名字，源自一位名叫爱摩尔的罗马士兵，他作为基督徒被处死，成为殉道者。普鲁斯特的读者将记得年轻迷人的圣鲁侯爵[1]，他给予他的拥护者男子气概和受女性青睐的魅力，即使他的拥护者什么都没付出，圣鲁侯爵因此成为超级幻想的对象，即成为不可能的欲望不可能的接受者。但是许多人会吃惊地发现，真有一个名为“圣狼”的人，而且真有一个地方以其命名。虽然我无法从普鲁斯特的可爱侯爵那里买得一吻，但却可以饮用与他同名的地方出产的葡萄酒。

13 世纪时，有三兄弟都争着要娶住在蒙彼利埃附近的一位女子为妻，蒂埃里 · 鲁就是三兄弟之一，但这位女子不会将自己许给任何人。蒂埃里加入了十字军，以证明他的德行，但他回来时却发现女子已经以死明志。蒂埃里没有把自己的故事卖给小报，而是退隐到了一处位于山顶的修道院里，将余生用于祈祷。他的兄弟也做了同样的事。最终，蒂埃里被正式宣布为圣徒，那座山为了纪念他而以他的名字命名，即圣鲁峰。

---

[1] 译注：“圣鲁”的法语为 St Loup，其中 Loup 在法语中意为“狼”，因此“圣鲁”也可称为“圣狼”。

圣鲁峰位于朗格多克高地的最北端，而朗格多克高地本身就位于朗格多克葡萄酒产区的最北端。在那里，芳香的西拉葡萄、慕合怀特葡萄和佳丽酿葡萄将这一地区弥漫着香草气息的空气提炼为液态精华。凉爽的夜晚、炽热的白昼以及白垩质土壤的结合，赋予了这里的葡萄酒与法国南部的完全不同的细腻感，而圣鲁峰已经成了朗格多克革新的先驱者。一个曾经致力于出产工业酒精的区域迅速成为葡萄酒迷的天堂。

朗格多克是创新实验之地，不仅仅因为设定法定产区等级葡萄酒的条例已经允许这么做，还因为创新是居住在那里的人的本性。他们一直是异教徒、圣殿骑士、阿尔比派教徒，这些人正如蒂埃里·鲁所发现的，不会说“是”，而充其量只会说古代语言中的“是”，这足以将最热情的仰慕者送往圣地。朗格多克位于官方葡萄产区的边缘，被允许称其出产的葡萄酒为地区餐酒，但有一些法定产区等级葡萄酒在其边缘地区迅速涌现。地区餐酒不是像普通葡萄酒一样的工业化产品，普通的葡萄酒是我年轻时漫游法国之时通常唯一能负担得起的葡萄酒，地区餐酒则是为了捕捉当地土壤和当地文化的精心尝试。有些地区餐酒的制造者能与在他们两边酿造法定产区葡萄酒的制造者相匹敌，对于他们而言，缺少官方认可是对竞争热情的激励。例如，佩泽纳斯周边桐歌丘的酿酒师就是这样的制造者，他们酿造红葡萄酒、白葡萄酒和桃红葡萄酒，他们一直相互鼓励，让新葡萄品种适应他们古老的土壤，并与其东面、西面和北面出产的知名葡萄酒相抗衡。而在朗格多克全境，创新实验正在进行，新的葡萄品种和新的组合在地区餐酒标签的保护下生长。

然而，朗格多克以葡萄酒为基础的经济遭到了葡萄根瘤蚜的摧毁。只有知名的出口葡萄酒庄园的种植者能够负担得起将葡萄藤嫁接到从美国进口而来的砧木上的高昂费用。整个朗格多克区域突然发觉自己没有了葡萄，而更糟糕的是，他们因此没有了葡萄酒。其首要影响就是制造出了一群可怕的、不愿饶恕他人的农民，他们决心惩罚第三共和国的官员，并在可能的情况下得到他们的酒窖。1907 年，贝济耶、佩皮尼昂、卡尔卡松和尼姆的人民在一个名为马塞兰·阿尔伯特的人的领导下集合起来，劝诱朗格多克全境的市长送回他们的市长绶带，并关闭市政厅。阻止这种行为的措施明显应该是从国民议会的酒窖里拿出足够的葡萄酒，来解除抗议者的饥渴。但是，克列孟梭[1]却派出了军队，有 5 人被杀，超过 100 人受伤，阿尔伯特被监禁在蒙彼利埃。而此时农民们也了解到，朗格多克的葡萄园在半个世纪的时间里都无人照料。

该地区却因此次战争而恢复了活力，努力酿出了我前面提到过的那几种法定产区葡萄酒。其中一个法定产区就是福日尔，那是一个位于贝济耶北部的地区，在 1982 年被授予红葡萄酒和桃红葡萄酒法定产区称号，在 2006 年被授予白葡萄酒法定产区称号。该地区像卡布勒罗莱和科西尼奥茹尔一样将有着深厚历史的村子合并起来。福日尔法定产区的人口从 20 世纪的 4750 人减少到现今的 3000

[1] 译注：时任法国总理。

人左右，葡萄酒产量也不到10万公升。那就是每个人不到330公升，如果按每人一天一公升算，这没有留给出口什么余地。你会发现他们的红葡萄酒偶尔会被全球化的浪潮冲到遥远的彼岸，而你当然应该尽自己的能力帮助饱受磨难的福日尔农民，并购买那些红葡萄酒。那里的红葡萄酒复杂地混合了神索葡萄、佳丽酿葡萄、西拉葡萄、慕合怀特葡萄和歌海娜葡萄，在自己内部生成的微风中，在迷人地摆动的夏日水果外表之下，有着适合进一步陈酿的葡萄酒的骨感结构。

然而，环绕朗格多克的是更为古老的葡萄酒产区，有着建立了许久的传统程序和固定的种植方式。这些产区包括东面的罗纳河，西面的卡奥尔、贝尔热拉克和波尔多，北面的卢瓦尔河，以及紧挨着比利牛斯山脉的圣山、马迪朗、科比埃和科利尤尔。可以说正是由于长期固定的种植方式才导致了葡萄品种在这些被圣人及其圣地庇佑下的地区里消失了。而有时是一个深思熟虑的决定导致这一情况的出现。然而，在极大程度上，葡萄品种的性质和种植规模已经通过调整和妥协，随着人类活动的移动而被看不见的手确定了，正如土地也是这样被确定的。

罗纳河谷的葡萄酒就是一个显著的例证。在一些地方，这种葡萄酒是由在当地根深蒂固的单一品种葡萄酿造而成的，而在其他地方则是由多种葡萄混合酿成的，这种混合除了用传统的习俗来说明以外，没什么可解释的。在朗格多克再度崛起之前，实际上是罗纳河谷满足了巴黎锌质屋顶的酒吧对葡萄酒的需求。罗纳河谷的葡萄酒起初由希腊殖民者在公元前4世纪种植，是法国历史的缩影，而最好的北罗纳河葡萄酒现在和勃艮第葡萄酒一样昂贵。那里的红葡萄酒酿自西拉葡萄，有时混合一点维欧尼白葡萄。罗纳河在中央高原上冲刷而成的马鞍形小山埃米塔日上酿制的那些红葡萄酒，以及毗邻的罗地丘出产的红葡萄酒都有着无可比拟的细腻感，只有当它们被保存10年或更长的时间时，这种细腻才能被完全体会出来。在乔治·森茨伯里的《酒窖笔记》中，埃米塔日红葡萄酒的持久性和魅力被很好地捕捉到了，以下描述的是一瓶“40岁”的埃米塔日红葡萄酒，那是他所喝过的“最有男子气概”的葡萄酒：

> 与我见到过的大多数埃米塔日葡萄酒相比，它的色泽更偏棕，但是棕色中又充满了一种红润，这一特质完全改变了它。酒香中有不太甜的桂竹香的香味。而说到味道，一个饮用过它的人可能很容易就开始对酒神唱赞美歌。在这种情况下葡萄酒行话会说“结束（回味）”，但这种酒非常丰满，非常复杂，似乎从不会结束。你可以默想它，它会跟上你的冥想。“燧石香”尽管在红葡萄酒中不如在该地区的白葡萄酒中那么浓郁，但还是会有的，它并不缺乏；但它并非纠缠不休，不会过于干扰埃米塔日葡萄酒的特殊风味……

自很容易负担得起埃米塔日红葡萄酒算起，已经过去许多年了，而想要找到一瓶罗纳河红葡萄酒，让需求量和现在可负担的费用协调一致，你就必须再往南行，进入阿尔代什省，那里是圣约瑟夫葡萄酒庄园的故乡。

马拉美[1]经常去阿尔代什省，因为其名字概括了对他的人生影响最大的两个事物：艺术和贫穷。圣约瑟夫实际上不是一种穷人的葡萄酒，但相对于其品质而言它的价格低廉。它口感平滑，入口绵柔，带有果香，相对清淡，但处于最好的状态时带有西拉葡萄轻微的辛辣香。随着我们往南行进，酿酒业的混乱有所增多。许多市镇都处于罗纳河丘村落群，但这些市镇中很少有拥有自己的法定产区的。许多村庄对此感到气愤，而其中有些已经成功地通过游说获得了认可，包括克罗兹—埃米塔日、科尔纳斯、利哈克、瓦给拉斯、吉恭达斯，以及最近刚刚获得认可的哈斯图。前两家村庄位于北罗纳河谷的南端，其余四个村庄与南罗纳河最著名的（被过于高估的）葡萄酒庄园教皇新堡相毗邻。除了这几个村庄之外，还有许多村庄，不得不在共有的标签之下销售其葡萄酒，但仍然将自己的名字附在下面，绝佳的例子就是萨布莱、布雷泽以及圣热尔韦。

瓦给拉斯葡萄酒正如所有南罗纳河的葡萄酒一样，是由葡萄混合酿成的，从混合的葡萄中，它获取了法国南部当地的风味。它在销售的通常还是刚刚酿好的新酒，但待其成熟时，即六年左右之后，它就会像一片柔和的圆号声一样从酒杯里飘起。至于说新堡地区的

---

[1] 译注：法国诗人。

葡萄酒，其不同的品质来自于葡萄酒庄园的不同位置，同样也反映了各处的祈祷词不同的强烈程度。每种新堡葡萄酒都是对许多获得许可的葡萄品种的独有混合。随着当地的红黏土梯田在罗纳河左岸上一级一级向上升，这里的每种葡萄酒都反映出了这边阳光普照的气候的独特一面。

在威尔特郡的黏土地上，熬过阴暗的冬季夜晚的最佳办法之一就是饮用由塔赫迪一路亨庄园所酿制的哈斯图葡萄酒。该庄园确信并自称是地域主义者，他们在长有干枯老藤的庄园中满面皱纹的吝啬的"酿酒师"之间寻找自己的葡萄酒，假定从中浮现出来的涓涓果汁会包含原罪、太阳和土壤的精华。他们的葡萄酒是混合了神索葡萄、西拉葡萄和歌海娜葡萄的浓郁的墨色液体，带有新堡葡萄酒的力量，以及枣和杏仁的芳香，而这种芳香可能是由突尼斯海岸吹来的西北风带来的。

在北罗纳河的干白葡萄酒之中，没有一种像孔得里约葡萄酒一样被广泛尊敬。然而，其发展历史并不一帆风顺。在当地的一次叛乱之后，维斯巴西安皇帝将叛乱归咎于饮用过多当地葡萄酒这一习惯，他毁掉了所有的葡萄酒庄园。其继任者普罗布斯皇帝更为清楚地理解了问题，他承认如果葡萄酒是好的，而且免费供应，那叛乱就只能在无行为能力的地区发生。因此，在281年，他重新建立了葡萄酒庄园，并从达尔马提亚[1]引进了维欧尼白葡萄。那是一种很

[1] 译注：位于克罗地亚。

难管控的葡萄，容易受到疾病的侵袭，而且在仍然面临霜冻的威胁时就会开花。孔得里约的花岗岩土壤和种植着葡萄藤的陡坡，更增添了当地酿酒师需要解决的问题。战后向城镇的移民意味着，到了1965年，只有8公顷的土地还在葡萄藤的覆盖之下。

所有这一切现在都已经改变了，因为反向的移民、农业补贴以及社会流动性已经综合起来，来自巴黎像假肢一般的扩张，替代了法国农村枯萎的四肢。孔得里约200公顷的土地中有100公顷上现在种植了葡萄藤，一年出产50万瓶葡萄酒。这种葡萄酒因其微妙的杏仁芬芳，对丰富口感和柑橘酸度的完美结合，以及其对待即便是最为粗鲁的事物的强硬态度，而无可非议地闻名于世。它像生长于北部的任何事物一样优雅，且能唤起回忆，而且由于维欧尼葡萄的缘故，它拥有了绝妙的花卉之吻和调皮的黄蜂蜇痛。但是它极为昂贵，有时能与勃艮第一级酒庄葡萄酒相匹敌，特别是当有吉佳乐世家这样的著名生产者做保障时。

然而，跨过河到了阿尔代省，维欧尼葡萄已经被成功种植到了与孔得里约的土壤有些类似的土壤之上，并享受着类似的气候。由此酿制的阿尔代省地区餐酒现在由一些种植者出口，而它的某些品种能够与孔得里约葡萄酒相匹敌，即便它们比不上孔得里约葡萄酒，但也是意义深远的。我不是在暗示说这种葡萄酒的质量应该被认为单纯是由葡萄决定的，仿佛在南非、新西兰或阿根廷也可以达到同样的效果一般。阿尔代省版本的葡萄酒展现了气候和土壤的优良品质，其产生香气的葡萄架被支在石头地基之上，这只有来自河对岸的更好的葡萄酒才能与之匹敌。然而，严格说来可与孔得里约葡萄酒相媲美的是格里叶堡的葡萄酒。格里叶堡是个单独的葡萄酒庄园，也专门种植维欧尼葡萄。尽管它拥有自己的法定产区葡萄酒，但其规模却只有 8 公顷。托马斯 · 杰斐逊在其担任驻法大使期间拜访了该庄园，该庄园出产的葡萄酒还被著名的“居诺斯基王子”（美食王子莫里斯 · 爱德蒙 · 萨扬）描述为法国最伟大的五种白葡萄酒之一。

埃米塔日用玛珊葡萄和瑚珊葡萄酿造了一种葡萄酒。这种葡萄酒缺少酸度，但在酒瓶中存放几年之后会获得一种香味和丰腴感，这使得它独具一格。其稠密、复杂的味道能很好地搭配香辣的海鲜菜肴，例如炖章鱼。然而，说实话，一瓶优质窖藏埃米塔日白葡萄酒的最佳搭配就是黏土烤刺猬，而遗憾的是由于保护物种的法律的规定我们只能转而搭配炭烤松鼠。

在过去，我经常从贝里兄弟葡萄酒店里购买罗纳河白葡萄酒，一部分是出于生态原因（只要法律许可，贝里兄弟就坚持进口他们的桶装埃米塔日白葡萄酒），另一部分是由于他们与莎普蒂尔公司保持着持久的联系。该公司的埃米塔日白葡萄酒是由许多不同葡萄酒庄园的葡萄混合酿成的，被称为“香啼云雀”，它用其雪茄盒的香气和秋天的味道在极为黑暗的时期里安抚了我。我也是从贝里兄弟那里获得了一瓶极为非凡的圣约瑟夫白葡萄酒，那是由费拉东庄园酿造的名为“橄榄”的葡萄酒。该庄园现在由费拉东家族的第四代经营，以精湛的技术、对捷径的藐视，以及对罗纳河谷和其所处地域深沉的爱为特征。这种葡萄酒装瓶时不经净化和过滤，有着金色的透明度和杏仁的香气，让你的眼睛、嘴唇和鼻子牢牢地依恋着酒杯。其温和的风格和强烈的地方特色与工业化的霞多丽葡萄酒完全不同，它仍然是内容充实的、浓郁的、醇熟的水煮禽肉以及更为精细的食物的绝佳佐餐酒，比如它自己本身。确实，它是一种不应该被浪费在食物上的葡萄酒，而是应该在开满鲜花的草坪上，在你最喜欢的人的陪伴下小口饮用。

罗纳河或许是法国最古老的葡萄酒产区，而其葡萄酒庄园像金币一样被缝到地图上。这是小酿酒商长期努力的结果，他们中的一些人只培育一两英亩土地，正是通过缓慢细致的、具有牺牲精神的劳动发现了如何将土壤慢慢地变成水果，再将水果慢慢地变成芳香。这些小酿酒商一度被公认为民族英雄，他们对国家声誉的贡献比任何足球队都要大。然而，在 1990 年，在健康狂热者的压力之下，国家通过了埃文法[1]，使得酿酒商无法宣传他们葡萄酒的优点。这对于酒业大亨来说是一种推动力，他们可以不依赖于广告宣传，因为他们的市场份额是有保障的。法国的宣传禁令，是让一种产品走向全球化的第一步，而这种产品最大的优势恰好是其重视地区性，并邀请你留在你所在的地方。然而，一如既往，悲观主义者宁愿禁止我们的快乐，也不愿去发觉这些快乐品行端正的形式。

而品牌较小的法定产区葡萄酒则逃脱了全球化的旋涡。有一种尤其值得在此处被提及，因为它在意义深远的冥想时刻起到了重要

[1] 译注：一部与烟草和酒精做斗争的法律。

的作用。在比利牛斯山脉的东端之下，隐藏着法国较小的法定产区之一——科利尤尔。其葡萄酒庄园占地只有800英亩，直达地中海海岸，在真正的加泰罗尼亚[1]之前属于法国最后的领地，利用歌海娜黑葡萄、佳丽酿葡萄和慕合怀特葡萄酿造红葡萄酒和桃红葡萄酒，还加入了西拉葡萄和神索葡萄以增添香味。科利尤尔的红葡萄酒饱满、浓郁、圆润，带有果香，并且平滑，就像雕塑家阿里斯蒂德·马约尔雕刻的性感的女性裸体雕像一样。阿里斯蒂德就居住在那一区域，他的坟墓就位于克洛斯·沙塔尔的葡萄酒庄园旁边。当你想着形状完美的臀部和成熟度好的葡萄酒，念出马约尔的名字时，你就离科利尤尔的味道不远了。正是这种宁静的、确定的、穿有长袍的教皇版本的风味，被遥远的朗格多克地区最近被认定的候选者所仿效。其拥有柔和的单宁、暗红宝石的颜色和樱桃白兰地的后味，如果有什么能让你重生，那就是科利尤尔葡萄酒。

正是一杯科利尤尔葡萄酒，在我高贵的、慷慨的、需要永远悼念的名叫巴尼的马死去时，激起了我的冥想。几天前，在羽毛球公园，巴尼倒下了，当时我正骑着它。我在抿着葡萄酒时，想起了巴尼的嘴，张着，仿佛在恳求我分它一点。它最终没能摆脱病痛，在渐黑的夜色里嘶鸣了两声后，死去了。现在没有饮品能像科利尤尔葡萄酒一样生动地唤醒关于巴尼的记忆，这酒或许能再次唤醒它的心脏。每当一瓶科利尤尔葡萄酒放在我面前时，我就会回想起它的

[1] 译注：罗马帝国在西班牙占有的第一个地区。

美，以及它继续走到终点的决心。在去世前它已失去了一半的视力，并患有关节炎，但它仍然是马群的首领。

科利尤尔葡萄酒庄园中最好的酒庄是极小的旧塔庄园，其 1998 年份的普伊格 · 阿贝拉在《哈切特葡萄酒指南》中被授予了当之无愧的三颗星，而该庄园 2002 年份的拉潘妮德葡萄酒滋养了我对巴尼的思绪，它既平滑又浓郁，并带有果香。14.5 度的酒精度数与强化葡萄酒的力度相接近，但没有一丝那些来自澳大利亚的亚热带肠道克星的烧焦的甜菜根味。实际上，科利尤尔葡萄酒将温和与力度相结合，将优雅与大胆相结合，正如巴尼一样。

巴尼为我所做的一切，其他的马兴许也能做到——客观地说，我一直在找那匹能替代它的马，但却徒劳无功。然而，哀悼它时，除了它的品质之外，我认真思考了其他的事。我认为它拥有一种可以信赖的个性——不是源自或依赖于它的品质，而是那些品质原本的所在地。与此同时，这种个性与人的个性不同：它不位于思想和行动的某个中心，而这个中心就是以自我为参照的“我”。我对于巴尼的哀悼，不是在哀悼失去了一种人际关系，而是一种真正具有牺牲精神的爱。这样的爱不能从一匹马那里获得，甚至不能从狗那里得到，狗对于其人类主人的依赖总是缺乏在面对自我时会出现的真正的形而上学的支持认可。

考虑到这一点，我逐渐明白了人类的形而上学困境——“我在”这两个字里所包含的严重冲突，一个肯定超越，另一个则否定它——完全改变了我们的感情，让我们不仅仅悼念人，也会悼念捕捉了我们感情的每一种事物。索菲的马凯蒂并没有过多为巴尼悲伤，尽管巴尼死去的时候她停了下来，仿佛她听到了那些嘶鸣，那是3英里之外发出的极为微弱和哀求的嘶鸣。而第二天她就转移了她的感情，就如同一根葡萄藤攀爬上另一根树枝一样。

尽管那些极为英式的冥想是被一杯科利尤尔葡萄酒所激起的，但应该承认，天然适合旧时英格兰思绪的佐餐酒还是波尔多葡萄酒。波多尔是一座仍被看作我们王权中的名号之一的城镇，其产品因克制的、缓慢的果香而不同寻常地适合英式的气质。几个世纪的固执的英式古怪都被包含于“波尔多干红葡萄酒”（claret）这个奇怪的名字之中，它被赐给了荷马在描述“如葡萄酒一般深色的大海”时（尽管他们说荷马是盲人），与他脑海中的葡萄酒颜色一样深的葡萄酒。回想起：

我们将不会停止探索，
而我们所有的探索最终
将回到我们的起点，
并第一次真正了解那个地方。

T.S. 艾略特[1]对于我们精神之旅的著名描述同样适用于我们的葡萄酒之旅。从波尔多干红葡萄酒开始，我们冒险去寻找奇怪的水

[1] 译注：美国诗人。

果、异域的风景、奇特的生活方式，以及除了其葡萄酒之外就没什么可推荐的国家。在用澳洲莎瑞斯葡萄酒、阿根廷丹魄葡萄酒、罗马尼亚赤霞珠葡萄酒、希腊热茜那葡萄酒惩罚了身体与灵魂之后，我们像回头浪子一般爬回家，恳求人们原谅我们的愚蠢。波尔多干红葡萄酒展开了温暖而又宽容的怀抱，更新了英式饥渴和加斯科茶点之间古老的关联，用其安详、清新的香气安抚我们忏悔的思绪，在我们灵魂的深处说出它的赦免。这就是我们造就的葡萄酒，同时它也造就了我们；而我经常吃惊地发觉，我在喝其他葡萄酒。

且不说其级别，波尔多干红葡萄酒很便宜。这里我们不考虑1855年为巴黎万国博览会所实行的精准分类标准，只是需要注意的是，虽经过一些调整，这一标准现在仍像一个半世纪以前一样，是判断葡萄酒的精确的指南，尽管拥有者和技术都发生了改变——它是地域主义哲学的确凿证据。从朱朗松回到剑桥，为的是第一次真正了解那个地方，我发觉自己享受在国王学院进餐的权利，当时那是工党贵族的封地，现在也没有很大改变。周日的晚上，餐后甜点的佐餐葡萄酒是1949年份的拉图酒庄葡萄酒——那些能顶我一个月工资的葡萄酒被倾倒入讥讽的社会学家的喉咙之中！我会和上了年纪的E.M.福斯特[1]挤在角落里，分享他对于实现其旧时自由的梦想的沮丧，倾听他对亚历山大和卡瓦菲[2]的回忆。在永远不会被遗

[1] 译注：英国小说家。

[2] 译注：希腊诗人。

忘的波尔多干红葡萄酒的怡人香气之中，幻想我的未来，远离福斯特和我共同被放逐的这个地方，我是暂时被放逐，而他则在剩下的日子里永远被放逐。“连接吧！”他的著名言论经常出现在我的脑海里。当时他和我所坐的位置完全与甜点桌的其余部分相隔离，在那些不配拿酒瓶的手倒出其宝物时，嫉妒地盯着酒瓶。福斯特是一位绅士，他努力温和地旁观他强烈谴责的事物。他的仁慈显示出，他已经否认了剑桥的“传道者”所带有的精神，这一精神已经探索了布鲁姆伯利的画室和卧室，最终回到它诞生的地方，不是为了初次真正了解那个地方，而是为了毁掉它。

在当了一小段时间的导师之后，我离开了剑桥，坚定地将波尔多干红葡萄酒与在我的余生中将会一直困扰我的伟大问题联系在一起，也就是，英格兰留存了什么下来？而这一剩余的部分如何能被拯救？这可能看起来不像是一个哲学问题，但它最终引领我沿着迷人的哲学之路，穿过令人毛骨悚然的“树林”，黑格尔口中的密涅瓦的猫头鹰在树枝间闪现，朝英国普通法所制造的林中空地前进。我已经发现了左翼的正统观念从所有讨论中删除的观点，即共同人格的观点，或是如柏拉图所描述的“城邦的灵魂”。英格兰的共同灵魂在波尔多干红葡萄酒的酒杯底部微微发光，而我从那时起就已经将我的英格兰与酿制于我的精神家园中的这种葡萄酒联系在一起了。

波尔多既是一个整体，又包含许多部分：无数块的土壤，每一块都有各自的个性和独特的精神命运，共享一种酒瓶、一段历史和一种由来已久的习惯法则。而此处它与英格兰相似，在英格兰那个地方，古怪的个人主义者自发地联合起来，组成一个单一的社团。波尔多葡萄酒一瓶接一瓶地以严格编队的顺序驻留在我的脑海中，它们的等级在1855年的伟大评判中被加以详细说明，然而该评判本身不过是对习俗与传统所认可的内容的总结。每瓶酒都宣称产自“庄园”，不过这个庄园（尽管有时是漂亮的棚子），它们有着自己不合常规的尊严，拒绝融入等级制度，但其实它们本身也在这个制度中发挥着独到的作用。甚至它们连名字都可能是英式的：大宝、肯德—布朗、雷奥维—巴顿、史密斯—拉菲特。亨利·詹姆斯在《法国掠影》中因“些许的法式理性、法式完整性”而称赞宝德根葡萄酒，这见证了他在新英格兰度过的青年时代所破坏的品位。诚然，正是一瓶1959年份的宝德根酒庄葡萄酒使得将我送去朱朗松的交易得以达成。我和尼古拉斯·曼[1]在他位于国王学院的房间中喝掉了那瓶酒，从房间里我们可以透过哥特式的窗户，俯视剑河宁静的河水。而当宝德根葡萄酒滑入我的口中时，我的心向上升起与其相会，感悟这个房间、这位朋友、这一风景和这种品味是我向英格兰告别的一部分。

对于我归功于波尔多葡萄酒的数小时心满意足的冥想以及良好意愿，我没什么可说的。但是有一点值得提及，那就是1855年对葡萄酒的分级评判所带来的对社会和文化的影响。自那一盛事之后，格拉夫、圣爱美隆和波美侯的葡萄酒也被授予了等级，分级列表里

[1] 译注：德国作家。

已经加入了中级酒庄的一长串名字。因此，法国的葡萄酒贸易使法国文化的主导神话永远持续——“资产阶级”是二等公民，是对于贵族和艺术家张扬个性的敏感的枯燥、狭隘的衬托。葡萄酒势利眼已经将影响力施加给了福楼拜、萨特和福柯，非常努力地想让一般的法国人自惭形秽。

这给资产阶级带来了一个熟悉的问题：我们如何溜进上层，却看起来不荒谬呢？我们如何获得由拥有土地和拥有头脑的阶层所霸占的奖赏，同时紧紧抓住我们得来不易的现金，并保持我们自给自足的诚实态度？一个答案就是去寻找“副牌酒”。波尔多分级的酒庄现在在副牌下发售他们的一些产品，据传是由较为年轻的葡萄藤上生长的葡萄酿成的，或是以更为“早熟”的风格成熟的……但不管怎样都用来维持其同胞荒唐虚高的价格。这些葡萄酒中有许多与官方版几不可辨，售价却还不到主牌的一半。我推荐班尼杜克庄园和美之合庄园的副牌酒，后者令人震惊的品质和人们支付得起的价格证明了，波美侯处于最好的状态时是所有波多尔干红葡萄酒中最棒的，它还让我想起了所有波美侯葡萄酒中最棒的，即 1945 年份的卓龙葡萄酒，它诱使我犯下了我的原罪，而对它的偏爱就是我沦陷的原因。

然而，在极大程度上，是小酒庄使我变得有趣。首当其冲的是圣爱美隆的小酒庄，它们在 1954 年得到了一个粗略的分级，该分级确认它为一级特等酒庄（最高级的酒庄），结果其葡萄酒变得让人负担不起了。相比之下，可能每年失去或得到这一称号的特级酒庄的葡萄酒，通常在我能承受的价格范围之内，而其中之一的白蕊古堡葡萄酒既带来了慰藉，也带来了友情，是我与和我一样惧怕圣诞老人的人在圣诞节饮用的葡萄酒。这种葡萄酒取自与山姆马占地差不多大的小型葡萄酒庄园的梅洛葡萄和品丽珠葡萄的混合，这些葡萄拥有丰满、和谐的果实和微妙的味道，没有树瘤和多毛的空洞。晚饭后倒上这种葡萄酒，你就会在酒杯中观赏到温暖的夜间光亮，女神和森林之神都在一汪紫色中游动。而它对于圣诞节的影响就像是纯净的精神对于污点的影响一样。

同样重要的还有斯萨克古堡和波坦萨古堡，两者都是梅多克地区的中级酒庄，利用赤霞珠葡萄占多数的混合葡萄酿造出可爱的暗色波尔多干红葡萄酒。由于平常的梅多克法定产区葡萄酒没有商品对势利顾客的吸引力，所以这些葡萄酒不太昂贵，而且平衡了水果和单宁，并拥有清香的味道，因此它们值得被更好地了解。它们的罗马名字需要学术性的解读，这增添了饮用它们的乐趣。

来自上梅多克的，同样因缺少法定产区葡萄酒的认定而使我受益的是乔治城堡的深紫色葡萄酒，我在做剑桥导师的忏悔时期有幸喝过 1961 年份的乔治城堡葡萄酒。出于某种原因，我非常清晰地回想起这三种葡萄酒的味道，就仿佛我在写作时让这些酒在舌头上绕了一圈。

波尔多葡萄酒的情况和勃艮第葡萄酒的情况相同，即你应该去它们隔壁寻找葡萄酒。如果你酷爱格拉夫葡萄酒，那你就应该去购买便宜得离谱的毕克石堡葡萄酒。毕克石堡于 1780 年建造，坐落于邻近奥比昂酒庄的沙砾地上，出产的葡萄酒有着其名字所体现的带有砾石感的清洁度，以及清透的深红色及与其昂贵的邻居的完美平衡度。就甜蜜波多尔葡萄酒而论，或许隔壁原则才是最有益的。

有一个一级苏玳酒庄名为拉佛瑞佩拉庄园，每位读过《故园风雨后》的读者都知道其酿造的葡萄酒开启了整个故事。“不要假装你听说过它。”塞巴斯蒂安将一瓶酒带到那场致命的野餐中时如此警告道，而结果我们都听说过了。拉佛瑞佩拉葡萄酒在好的年份里可与毗邻的滴金庄园的葡萄酒相提并论，而价格只有其三分之一，甚至更低。有钱人花费数百英镑，有时甚至花费数千英镑购买一瓶葡萄酒，而其他人则被迫喝水，有些人为此感到很困扰。但是如果你有许多钱，将钱扔掉是最好的——对你来说最好，因为它让你摆脱了一种负担；对于接受钱的人来说最好，他们比你更需要钱（否则你为什么要把钱扔掉呢？）；对于我们所有人来说最好，我们在你愚蠢行为的下游某处。你挥霍钱去购买的事物越容易腐烂、越没有意义，那一行为就越有价值。对钱的最差应用是增加旧汽车或媚俗的房子这样的“垃圾堆”。最好的运用是购买超级昂贵的葡萄酒，将你的钱变为可生物降解的尿液，并将其返回到原始的万物流动之中。

不管怎样，之后你会问道，谁想喝甜葡萄酒？其实有一个崇高的先例。奥德修斯及其随从的冒险有一个单一的模式：严酷的考验，逃脱，牺牲，宴会，之后是恢复世界后饮用甜酒。如果你喜欢甜葡萄酒，那你就应该仿效荷马式的做法：晚餐后只喝它，之前不喝其他葡萄酒。而如果你可以在餐前来点类似弄瞎独眼巨人，躲过卡律布狄斯[1]，或是抵抗塞壬[2]的活动，那就要好得多了。对于像我自己一样持有骑士精神却又保守的人来说，生活中有大量惊险的冒险。因此，为什么我们不在经过一天的“屠龙”之后，奖赏自己一瓶甜波多尔葡萄酒呢？

不幸的是，正如在其他事情中发生过的一样，在这种情况中，时尚总跟我们反着来。随餐饮用苏玳葡萄酒和巴萨克葡萄酒的习惯已经形成，它们甚至被那些希望在乡间大房子里度过怡人且无忧无虑“童年”的人称为“布丁葡萄酒”。而比这更糟糕的是，像米特福德[3]一样做作的是配着鹅肝饮用苏玳葡萄酒的习惯——仿佛如果你采取更加夸张的搭配，就会取得更大的成功，你的搭配越夸张越容易得到人们的赏识。[4]比这些好得多的做法是结束你的晚餐（脆皮烤猪肉，没有甜点），之后将凉爽、清透的金色葡萄酒摆到桌子上。你甚至可以将它倒入另一个容器中，因为陈年的苏玳葡萄酒有酒石结晶体，这些酒石会像瓶中精灵一般在沉淀物中舞动。

出产伟大的波尔多甜葡萄酒的葡萄酒庄园都聚集在西龙河和加龙河的交界处。西龙河冰冷的水流让从温暖的加龙河中升起的水蒸

---

[1] 译注：荷马史诗中的女妖。

[2] 译注：希腊神话中人首鸟身的怪物。

[3] 译注：英国小说家。

[4] 巴里·史密斯饶有兴趣地补充道：“对于苏玳来说最壮观的搭配是罗克福干酪。干酪又咸又酸的强烈味道和葡萄酒甜蜜而滑润的味道混合成比两者都要好的滋味。”

气冷却下来，创造出了“薄雾”和“醇熟多产”的小气候。灰霉菌——贵腐霉菌——之后就会停留在葡萄上，使其发生变化。葡萄一串一串地成熟，因此必须反复摘取，产量很少。漫长、温暖的秋日对于收获季节采摘的葡萄是必不可少的，而如果贵腐霉菌没有出现，那生产出的葡萄酒就可以被认为是完全失败的。如果最后酿得的葡萄酒依旧很昂贵，那也不足为奇，尽管它的价格高于它的价值。

这一切让我回归到了拉佛瑞佩拉葡萄酒。苏玳的分级酒庄吃了与滴金酒庄相比较的苦头。因为滴金葡萄酒在真正的葡萄酒爱好者中间是绝对没有市场的。如果有足够的钱，他们不会去买一瓶滴金葡萄酒，而会去买半打绪帝罗庄园（精致的一级酒庄）的葡萄酒或是拉佛瑞佩拉葡萄酒。滴金葡萄酒能够维持其价格仅仅是因为世界上满是浑身铜臭的有钱俗人，他们根本不了解葡萄酒，因此认为最贵的就是最好的。但是与女人和马一样，真正最好的都是次一等的。[1]

排在绪帝罗之后，不为大多数苏玳葡萄酒迷所知的是第三等的葡萄酒，在好的年份里，这种酒可以和自己著名的邻居相提并论。这种葡萄酒产自布拉特酒庄，是其所有者 M. 劳德斯的骄傲和欢乐，

[1] 对于这一有趣的现象的另一个视角是由经济学中的“凡勃伦商品”（以提出“炫耀性消费”的理论家托斯丹·凡勃伦的名字命名）理论提供的，即随着价格的增高而变得更有吸引力的商品。参见2008年由牛津出版的弗里兹·阿尔霍夫的《葡萄酒和哲学：有关思考和饮酒的论文集》中，贾斯丁·温伯格的“尝尝这有多贵”一文。

它既不是出产自分级酒庄，也没有什么可能使其价格虚高的因素存在。但它是利用陈年葡萄藤酿造出的一种浓郁的“灵丹妙药”，并在巴黎的大赛中夺得了金牌。如果你欣赏绪帝罗葡萄酒蜜一般的味道和绣线菊的气味，那你就能以一半的价格在布拉特葡萄酒中找到其相似的版本。它也是我一直储备的葡萄酒，因为正是当我在一个晚上和山姆分享一杯布拉特葡萄酒时，我偶然想到了在我看来仍然是解释音乐表现力的最合理的理论。我们通过找到描述一部音乐作品的言辞来理解它富有表现力的内涵，同样，我们从描述葡萄酒的味道的尝试中得出它的意义和品质。那个晚上和山姆在马厩里，我在1991年份的布拉特酒庄葡萄酒的激励下，回想起了德彪西关于乐曲前奏的第一本书中提到的“亚麻色头发的少女”。一瞬间这个女孩映在葡萄酒中，就像肖像画中的面孔或一句话中的思想那般顺其自然地出现在了我的面前。这个女孩并没有出现在音乐中。德彪西将题目放到了乐章的最后，之前还加了三个点，以表示在他头脑中的是一种联想，没有明确的意义。你能够理解音乐，而如果没有葡萄酒，你就不能发现那位有着亚麻色头发的女孩。

这一感悟引出了另一个结论，也就是唤起和表现两者是完全不同的。葡萄酒和音乐都能够让人们想起些什么，但只有音乐能将其表现出来。“表现”是你在思考地倾听或演奏时所理解的内容。它不是音乐匆匆带来的一片阴云，而是将音乐捆扎在一起的一根线。德彪西前奏曲的温柔被包含在其五音的主旋律之中，并通过音乐展现出来：形态上的和谐强调了感觉，“丰满”的温柔触感展现了旋律线。

在描述这种温柔时，我们没有用到“唤起”，而是提到了身为音乐部分含义的某种事物——某种从音乐中获得自己的认知和身份的事物。错过这种温柔的人将无法理解表述它的音调。当我们带着一定的认知去倾听或演奏某段音乐，并且我们能够描述出这段音乐所要表达的内涵，而不只是我们自以为的那样，只有在这种情况下，我们才能展示出音乐的温柔。然后，我们才能获得一条解开音乐表现力概念的线索。

将葡萄酒与音乐作比较也有助于我们了解为什么葡萄酒不是一种艺术形式。音乐的音调也是指令，执行着创作者的意图。在听音乐时，我们遇到的是一种沟通的行为，是创作者有意地使我们在想象中接受他的思想。我们也从一个音调到另一音调之中听到了发展的过程、合乎逻辑的推理，因此形式和内容共同推进，就像用语言表达一样清楚。除了艺术创作以外，我们有意创造出的其他事物都没有将意图刻意地标记出来。我花园里的莴苣是被有意种植的，而且我通过有意地栽培确保它们有着独特的形状和味道。从这个意义上来看，它们的形状和味道是被有意创造的。但是莴苣的味道并不体现我的园艺意图，不像贝多芬小提琴协奏曲在开始时就以定音鼓的声音来明确音乐的意图。我们不会像听出音乐中的意图一样品尝出莴苣中的意图，对于葡萄酒来说也是如此。尽管一种伟大的葡萄酒中非常多的味道都是有意创造的结果，但我们在品酒时品尝不出创造它们的人的意图，不像我们能听出音乐的意图那样。葡萄酒源自思想，但从不会将思想表现出来。

我用一辆排气量为500毫升的AJS旧摩托车替代了我的小型摩托车，并骑着它游览法国的村庄。这时我首次了解到了英国工业在法国的衰落。我去到的每一个地方，这台机器都能收获很多爱慕者，他们纷纷对它进行爱抚，或投来羡慕的目光。而且村里的小伙子们没有一个不愿意用自己的母亲去换取与它相似的东西。但是在那个完全开放的市场上都没有英国摩托车出售，没有制造商开设办事处或打出广告，也没有备件。当前轮轮胎在多尔多涅省的利布尔纳附近爆胎时，我不得不把摩托车留在了一家汽车修理厂里，然后回到英国去找一个轮胎。

然而，我被告知那里直到早上才有火车，于是我只能将睡袋安放在了一棵树下，等待着。在太阳的余晖中，一位农民在附近的田野里劳作，他走过来问我在做什么。我的故事一定是打动了他，因为他一个小时后带着面包、馅饼和一瓶两海间的葡萄酒回来了。他解释说，这瓶葡萄酒来自他的邻居新近拯救出来的葡萄酒庄园，既然葡萄藤已经被重新栽培了，他发誓说那葡萄酒和世界上其他白葡萄酒一样好。真正的爱国者的偏好总是能说服我，我急切地开始着手验证这一结论。在那宁静的夏日夜晚里，在韦雷的村庄之外，远处的多尔多涅河闪闪发光，我怀着满心的感激之情，轻而易举地爱上了这种葡萄酒，而我之前只知道那是耶稣学院的储酒室里最便宜的葡萄酒。

那时我不知道的是，韦雷根本就不是酿造白葡萄酒的村庄，而是从19世纪起就因其红葡萄酒而闻名的一个地区的中心，并在1931年被批准拥有了它自己的法定葡萄酒产区。不要将其与加龙省左后方更为著名的格拉夫相混淆，韦雷—格拉夫出产口感丰富、味道浓郁的葡萄酒，其中富含从砾土中吸收的矿物质，其名字就体现出了这种土壤的特性[1]。宝雅庄园葡萄酒就是一个绝佳的例子，那是一种以赤霞珠葡萄为基础的葡萄酒，富有特色，在水果的遮盖之下明亮的矿物质闪闪发亮，还有少许铁和皮革的味道，就像桑丘·潘沙[2]发现的那瓶被一串钥匙污染了的葡萄酒一样。它需要放置在瓶中几年来打磨其粗糙的边缘，但却非常值得等待。韦雷—格拉夫葡萄酒不可能与真正柔滑的格拉夫葡萄酒相比，前者是为了大型的简陋的晚宴而酿制的，就像我们在威尔特郡招待务农的邻居的那些晚宴一样。而且它在追求一头烤猪时会吼叫着滑过食管，就像我许多年前穿过酿造它的葡萄酒庄园时一样咆哮着。

从波尔多继续朝东北行进，我们就进入了贝尔热拉克，那里利用波尔多的葡萄品种酿造出廉价但制作精良的葡萄酒。贝尔热拉克葡萄酒过去被认为是穷人的干红葡萄酒，是工党运动家尝试模仿罗伊·詹金斯的贵族生活方式时偏爱的饮品，如果他们效仿的不是空洞浮夸的话。幸运的是，人类的记忆会淡化，即便是对那些体型如沙发一般的令人讨厌的人的记忆也是如此，他们通过假装自己是社会主义者而与人交往密切，一路到上层。我们也不要回想那些在超市里出售的未经加工的混合葡萄酒，它们令人厌烦贝尔热拉克的名

[1] 译注：格拉夫（Graves）为音译，而gravelly有沙砾的意思。

[2] 译注：小说《堂吉诃德》中的人物，堂吉诃德的仆人。

字，澳大利亚人甚至因此正当地驱逐贝尔热拉克葡萄酒直至它在当地绝迹。贝尔热拉克葡萄酒已经成熟了，所有葡萄酒迷都应该对这种从战役中回家的饮品感兴趣，无论那些战役的起因是什么，无论它们的影响是什么。我对于歌利欧酒庄的葡萄酒有着特殊的偏爱，在像 2003 年这样的好年份里，歌利欧酒庄酿造的葡萄酒有着圣爱美隆葡萄酒的深度和果香，在舌头上留有辛辣的香气和圆润、丰富的甜味。你天天喝这种葡萄酒也从不会厌烦，即便是当你在竞选中浪费自己的时间时。该酒庄的白葡萄酒也堪称楷模，它完美地结合了赛美蓉葡萄的多汁果肉和长相思葡萄青草般的清新感。歌利欧隔壁的莫斯提拉图酒庄阐释了贝尔热拉克白葡萄酒的多样性，它用 20% 的密斯卡岱葡萄来改善赛美蓉与长相思的混合，增加了白葡萄酒的杏香和黏性的风味。

我对卡奥尔的葡萄酒也有着特殊的偏爱。这座美丽的城镇坐落于洛特省，用一座壮观的石桥给洛特省增添了光彩。这座城镇在中世纪时期就能够将自己的葡萄酒顺流而下运送到海上。到了 14 世纪，“卡奥尔黑葡萄酒”被出口到欧洲各地，其声誉和波多尔一样高，由于在发酵前烤制葡萄或熬煮葡萄汁所形成的阴暗的颜色，使得它看起来像是在皇家比赛中流失的血液的完美替代物。

现代的酿造方法已经使葡萄酒颜色变浅了，虽然如此，卡奥尔仍然是颜色最深的葡萄酒之一。它的这一特征归功于其主要采用的葡萄品种——丹娜葡萄和马尔贝克葡萄(在当地被称为欧塞瓦葡萄)，有时还会混合梅洛葡萄来酿制出浓郁的、富有单宁的、西梅味儿的葡萄酒。对于那些喜欢它的人来说它就是神酒，而对于那些不喜欢它的人来说它如胆汁般苦涩。我属于前者，而且我认同卡奥尔葡萄酒更多的是因为它像许多产自法国西南部的葡萄酒一样，是与一个地方及其土壤不可分割的。马尔贝克葡萄和丹娜葡萄现在通过酒业贸易而实现了全球化，前者已经在阿根廷站稳了脚跟（在被误导的想要根除它的尝试之后），它在那里酿造出柔和浓郁的葡萄酒，属于南美洲最好的产品的范畴。这些葡萄浓缩的单宁被卡奥尔地区富含铁质的土壤强化了，酿造出成熟缓慢的内向型葡萄酒，需要默念沉思才能将这些葡萄酒从酒杯中哄诱出来。

住在风东附近的朋友认为卡奥尔葡萄酒是一种简朴、荒凉而又吝啬的葡萄酒，于是对其不屑一顾。而风东就位于图卢兹的北部。在我看来，这种判断没有表现出卡奥尔葡萄酒的不完美，而是强调了风东葡萄酒的奇特品质，风东葡萄酒有着豪华、成熟、多汁的特性，就像吸血鬼用牙咬住的可爱的脖颈一般。而风东葡萄酒比卡奥尔葡萄酒更加根植于本地：内格瑞特葡萄是这一地区所特有的，依据推测可能是 9 个世纪以前由圣殿骑士从塞浦路斯带回来的。红色石质的土壤营养物质匮乏，却富含矿物质，完全适合这些带有黑莓风味的小个儿球形葡萄。而这种葡萄在与西拉葡萄或赤霞珠葡萄混合以增添香味时，和贝尔热拉克葡萄酒一样柔顺、廉价。

在我早期去狄俄尼索斯的神庙朝圣时，我从巴黎向西南的旅行经过了卢瓦尔河的左岸，我悄悄溜过酿造葡萄酒的村庄，沿着封闭的年迈贵族仍然把持的城堡的墙边行走，他们从高高的窗户里凝视着梦想的田野。建筑、风景、植被，甚至是河水强劲宽广的流动都似乎焕发出法国观念的光彩，而坐落在卢瓦尔河北岸的奥尔良赋予了河流这个国家特有的神秘气息。这些地方通过抗争赢得了法国存在的权利——通过圣女贞德的殉难而在失败中赢得了。卢瓦尔河让人回想起英国罪行中极为不道德的部分，并激起了我不可能实现的希望，即有一天我可能成为法国人。我戴着巴斯克贝雷帽，抽着吉普赛人牌子的香烟，带着一口袋象征主义的诗歌去旅行。但是AJS摩托车泄露了真相，而我自命为法国人的主张紧随我所有其他的自命之后，透过醉酒的云雾，在奥克斯（这个名字是为了纪念一种名为奥帕斯的卓越的梅多克葡萄酒）地区的某个地方，在定期往返于那里和波尔多之间的公共马车之上挥手告别。

从那时起，旅游业团团围住了酒庄，并洗劫了村庄；道路被肆无忌惮地扩宽了，高速火车消除了距离，而距离才是宝贵的，没有了距离，人们就不再属于他们所在的地方。尽管如此，一些当地的忠诚感依旧保留了下来，而首当其冲的就是对品丽珠葡萄的顽固依恋。我们都知道卢瓦尔河的白葡萄酒，从蜗牛颜色的密斯卡岱葡萄酒到绿色闪光的桑塞尔葡萄酒。但是当地人更喜欢他们的红葡萄酒，品丽珠葡萄给予了这些红葡萄酒特殊的紫褐色和麝香的香气。新酒经济制造出了一批真正廉价的卢瓦尔河红葡萄酒，而其中大多数都可以在索米尔和图尔之间的那片区域中找到。

第一次世界大战之后，葡萄酒庄园被忽视了，而卢瓦尔河的声誉在全球市场中无人知晓。全球市场喜欢新酒，而非陈年老酒；喜欢用特定品种的葡萄酿造的葡萄酒，而非神圣的地区酒。品丽珠葡萄除了被卢瓦尔河赐予的声誉之外，在其他地区毫无名望（尽管在匈牙利有一些绝佳的例外）。而且，如果最终要从酒瓶中将用其酿制的葡萄酒含蓄、微妙的香味偷走的话，就需要长期保存这些葡萄酒。依照我的经验，最好的卢瓦尔河葡萄酒是在布尔格伊和邻近的圣尼古拉斯—德—布尔格伊酿造的，有些葡萄位于卢瓦尔河之上的黄色石灰斜坡上，其他的有着更加平滑并富于果香特性的，则被种植在下方的砾土之上。葡萄酒庄园的气候因大西洋刮来的风而凉爽，这些风沿着河廊自西向东吹过，造就了因其果香、因其浓郁而著称的葡萄酒，尽管它们也有着惊人的浓度和特色。最好的状态时，它还有着文雅的风格，可与最卓越的波尔多干红葡萄酒的风格相媲美。

关于布尔格伊葡萄酒存在两个学派。一个认为它们应该是低度葡萄酒，颜色很淡，有着早熟的果香和单宁香，酿好后即可饮用，可以被冷藏，但无论如何都不用像更深、更复杂的酒瓶所需要的那样去嗅探和嗅吸。另一个学派则认为布尔格伊葡萄酒应该被精心制作，以便所有的果肉和味道都能从葡萄中提取出来，形成深黑莓色未发酵的葡萄汁，以及富含单宁的葡萄酒，这种酒需要在瓶中保存数年才能呈现出自己的最佳状态。雅尼克 · 阿米罗酿造的布尔格伊小酒窖葡萄酒就是这样的葡萄酒。雅尼克 · 阿米罗占地 40 公顷的酒庄位于布尔格伊和圣尼古拉斯之间，酿造这两个法定产区的葡萄酒。品丽珠葡萄在这一地区被称为“布雷顿”，而阿米罗先生起的名字“布雷顿”可能暗示着他与能够在温带茁壮生长的葡萄有着某种特别亲密的关系。

环绕希农旧堡垒的5000公顷土地是卢瓦尔河红葡萄酒的核心产区，拉伯雷在《巨人传》中所描述的乡村就坐落在那片土地上。希农绝非标准化的产区，它实际上和拉伯雷本人一样奇特，平日酿造醇和的葡萄酒，但也酿制几瓶很有深度并耐人品味的葡萄酒，这些酒在成熟时能与其他任何区域的高等酒庄葡萄酒相媲美。拉伯雷的《巨人传》里一个情节说的是，巴布给了巴汝奇一本银皮书，先用喷涌出的费乐年葡萄酒将这本书填满。“吞下这一哲学”巴布命令说。于是庞大固埃的随从在喝下了那本书的内容之后，一边朗诵着对酒神欢天喜地的赞美诗一边相互攻击。在涌现出的哲学废话中，他们赞美巴克斯将屁股变成脸而将脸变成屁股的力量，而这种力量通常是罪恶的产物。

拉伯雷自己的脸型消瘦，显得机敏且具有同情心，跟其他人一样，不可能是由酒神的力量伪造的。而希农酿造出的葡萄酒很像拉伯雷这个土生土长的希农人。这种清爽、透彻的红葡萄酒有着跟那位伟大的哲学家一样闪亮的前额。而且拉伯雷的脸出现在了我所知道的最好的希农葡萄酒的标签上，那是他的哲学家伙伴查尔斯·卓格的葡萄酒，查尔斯的葡萄酒还承载了《巨人传》中永恒的启示：享受你自己的现状，这样别人才会欣赏你。

当父亲的死讯将他唤回葡萄酒庄园时，查尔斯正在战后的巴黎研究绘画和雕塑。查尔斯跟大多数的法国知识分子不同，不会为了某种人造天堂而蔑视财富、信仰和家庭。他最大的渴望是扎根于现在属于他的领土。他和他的母亲开始修整他们微薄的遗产，而且努力去琢磨为什么品丽珠葡萄从没有按照它的价值被定价这个深奥的问题。他推断出，错误在于没能将它地方化。无论怎样的产品都会有一个价格，但只有在附属于某个确定的地方时才能拥有价值。人是如此，葡萄酒也是如此。在勃艮第，每块领地都在争夺卓越之名。但是，尽管希农的法定产区自 1937 年起就存在了，但人们并没有把不同位置的土地标识出来，而是将它们混为一谈。希农葡萄酒的爱好者有自己的私人资源，但是世界上其他的人并不知道那些受到偏爱的山坡以及受到珍视的丛生的葡萄藤。

查尔斯继承了几丛这样的葡萄藤，着手培养它们的独特性。1983 年他与人如其名的米歇尔 · 皮纳德合伙，之后不久另外两个朋友也加入了他们的行列。现在卓格企业出产的葡萄酒不仅仅被标记上了查尔斯探求的对于土壤的宁静之爱，还标记上了家族之爱和友情之诚的年份，而这两样是造就你我的必备元素。

有品质的定居生活美化并神圣化了属于我们的地方，而这样的生活是巴克斯邀请我们过上的。在我所了解的法国各地都能见证这种生活状态。全球化浪潮现在冲走了圣地，而将自己的名字赐予了村庄、葡萄酒庄园，孩子们的圣人被带离了他们的神龛。但是某种东西还继续存在于铭记他们的葡萄酒瓶中。一杯圣尼古拉斯—德—布尔格伊葡萄酒将伴我为这一章收尾。圣尼古拉斯是 4 世纪米拉[1]

[1] 译注：小亚细亚西南部的城镇。

的主教。传说他出生前就在一直赞美上帝，加上他早年其他的虔诚之举，他成了孩子们的守护神。他因此被重新命名为圣诞老人，而圣诞老人正是基督教文化所有副产品中最可恶的。然而，真正的圣尼古拉斯值得从对他的亵渎中被解救出来。尽管，在出席第一次尼西亚会议[1]时，他打了异教徒阿里乌斯[2]的脸，正是由于这一侮辱行为，他被其他主教暂时免去圣职，这似乎是他堪称典范的温和的一生中唯一的激进行为。以这位圣人的名字命名的葡萄酒本身也很温和，它能在上腭留下微妙的香气和挥之不去的祝福。思绪回到 1968 年，当时反传统者砸开了法国的神龛，将神像送到了典当行，那些神像自那时起就站在橱窗里积攒灰尘。这些曾经被视为能拯救法国人的偶像有可能被拯救吗？或许应该祈求圣尼古拉斯介入，因为他也是典当商人的守护神。然而，与此同时，不信神的和感到幻灭的反传统的法国仍然存续，只能在酒杯中去拜访真正的国家。

---

[1] 译注：在小亚细亚北部尼西亚城召开的世界性主教会议。

[2] 译注：希腊基督教神学家，他的教义致使他被判定为异教徒。

来自其他地方的消息

葡萄藤至少从公元前6000年起就在旧世界被培育，当时葡萄生长在小亚细亚。在博斯普鲁斯的天然大坝倒塌和黑海盆地被淹没之前，葡萄就开始种植在黑海的南部甚至在盆地内部了（根据一位考古学家的观点）。海水的入侵溺死了那些殉道者，而非常多的欢乐都要归功于他们。你可以说葡萄酒或许像文明一样古老；我更愿意说它就是文明。

因此，如果葡萄酒仍然在整个中东地区出产，在太阳不会晒枯葡萄藤砧木或瓦哈比教徒不会弄枯葡萄的几乎每一个地方出产，我们不应该感到吃惊。在土耳其、黎巴嫩、叙利亚、以色列和北非，我们找到了曾经通过亚述[1]、美索不达米亚和巴勒斯坦向南传播的一种贸易的遗迹，这种贸易将法老视为“lrp”（这个名字没有具体说明埃及人吞咽葡萄酒的方式）的神奇饮品带到了他们的宫廷之中。诞生《圣经》的土地在以色列人迁移前后都长满了葡萄，而葡萄被

[1] 译注：亚洲西南部的古国。

当作人类部落的一种高级的护卫，不仅改造了景观还使得隆重地庆祝胜利成为可能。

希腊的城邦国家和波斯承袭了这一传统，而希腊人凭借典型的沙文主义，捏造了狄俄尼索斯的神话，将葡萄酒的发明归功于他们自己的一个后来之神，尽管依照神话这个神出生在阿拉伯。虽然存在沙文主义，但希腊人知道最好的葡萄酒来自地中海东岸的比布鲁斯，而且当他们将葡萄酒从地中海东岸运到他们在锡拉丘兹和色雷斯的殖民地时，他们将这种产品称为“比布鲁斯的葡萄酒”，这是在葡萄酒贸易中首次出现全球著名的品牌，赫西奥德[1]在公元前6世纪就已经提到过了。

比布鲁斯是腓尼基人的家园，腓尼基人在整个地中海地区从事葡萄酒贸易，并将葡萄藤带到他们的殖民地，特别是带到了迦太基和西班牙南部。在比布鲁斯以及黎巴嫩的其他地方仍有葡萄酒出产，而多亏了当地浩沙家族所创立的穆萨酒庄，贝卡山谷的葡萄酒得到了应得的颂扬。

罗马人摧毁了迦太基，但是保留了葡萄酒庄园，直至被穆斯林征服，这些葡萄酒庄园都繁盛发展着。在被征服后，葡萄是为直接食用以及晒成葡萄干而种植的。再之后，酿酒业随法国殖民者一起回到了迦太基沿岸，这些殖民者用自己偏好的霞多丽葡萄、西拉葡萄和赤霞珠葡萄取代了当地的玫瑰香葡萄。在我年轻时，摩洛哥和

[1] 译注：希腊诗人。

阿尔及利亚出产的葡萄酒在法国有一批特定的追随者，特别是来自阿尔及尔[1]附近的特拉普修道院的桃红葡萄酒。唉，那些照顾到整个地区的穷人的需求的修道院已经被拆除了，而其中最著名的就是提比林的修道院被决心为再度殖民北非而找到一个无可辩驳的理由的极端分子严重损毁了。然而，在摩洛哥，法国文明的遗迹还保留着，并以一种成熟的、让人胃口大开的霞多丽葡萄酒的形式存在着，这种酒在酒店的酒吧里就可以喝到，并秘密地在别处流动——只要点一份“finjân abyad”，它就会被倒进平底无脚酒杯中端上来，有时还配有一盘泡菜。

葡萄藤的培育没有因罗马帝国的发展而停止。伟大的勃艮第葡萄酒庄园在查理曼大帝时期就已经非常著名了，而达尔马提亚和多瑙河流域的那些葡萄酒庄园在罗马、蒙古、匈牙利、土耳其和奥地利的统治下一直维持经营。尽管罗马人将葡萄藤带到了英国，但直到撒克逊时代葡萄酒才成为农产物的一个重要项目。38家葡萄酒庄园被记录在《英国土地志》中，在1125年前后马姆斯伯里的威廉[2]描述说，格洛斯特郡的山坡上种满了葡萄藤，其出产物比法国的还要好。来自肯特的一种起泡葡萄酒最近在一次盲品会上被评判为比香槟酒还要好，天晓得，在法国的英国游客可能马上就会哀叹自己祖国的葡萄酒，就像撒克逊诗人阿尔昆在查理曼大帝的宫廷

[1] 译注：阿尔及利亚首都。

[2] 译注：英国历史学家。

里所做的那样。

在葡萄酒贸易从美索不达米亚向南转移至埃及的同时，葡萄藤开始了向北的旅行，进入了格鲁吉亚和亚美尼亚。这些地区也值得葡萄酒迷的关注，而且格鲁吉亚的黑葡萄酒是那一地区出产的最吸引人的稀奇事物之一。这些黑葡萄酒度数低、味道甜，在某种程度上适合呆板的狂欢，而直到最近热衷这种狂欢的人才倾向于在狂欢时饮用这些葡萄酒。甜红葡萄酒在古代世界很受欢迎，当时会通过加热来中止发酵，或是用煮熟的葡萄果汁制成的糖浆来让葡萄酒变甜。糖分的掩蔽效应使得这种葡萄酒能为伊斯兰的良知所接受，这一事实被用阿拉伯语单词记录了下来，被土耳其人借用来描述他们的葡萄酒，我们也借用来描述我们的果汁，那就是“味儿冲略苦的”(sharap)，与之相对的是阿拉伯语的“khmar”。格鲁吉亚葡萄酒同希腊的马弗罗达夫尼葡萄酒一道，是对葡萄酒中古时的味道的最后回忆。它们还促使基督教徒和穆斯林教徒能够相互祝酒并达成崇高的和解。

黎巴嫩人声称，葡萄酒是由他们的腓尼基祖先带到世上来的。这一观点遭到了质疑。或许葡萄酒的发源地还要再往北一点，在当时还没有被淹没的黑海盆地那里；或许还得再往东一点，在新月沃土那里；或是再往南一点，在巴勒斯坦的丘陵地带。但是，或许确实如黎巴嫩人所说，他们的祖先是最早酿造葡萄酒的人，因为他们确实是最先栽培葡萄用于酿酒并最早进行葡萄酒贸易的人，他们将自己的产品出口到地中海各地，并帮助埃及人从他们的平面壁画上走下来，跳一段3D的舞蹈。

虽然如此，黎巴嫩已经有两千年不在葡萄酒爱好者的地图上了。穆萨酒庄除外，它的葡萄酒几乎不出口；而在其国内，每年也只有300万瓶葡萄酒可供饮用。现代黎巴嫩的首个商业化酿酒厂是卡萨尔酒庄的酿酒厂，由耶稣会修士于1857年在贝卡省的基督教城镇扎赫勒附近建立，至今仍然是黎巴嫩最大、最受欢迎的酿酒厂。在腓尼基时代和1857年之间，黎巴嫩肯定有葡萄酒出产，因为基督教团体在奥斯曼帝国的米利特体系之下有权为圣餐仪式酿造甜葡萄酒，而所有的宗教团体，包括基督教，伊斯兰教德鲁兹派、逊尼派、什叶派都有为了酿制阿拉克酒而发酵葡萄的习惯。卡萨尔酒庄在1972年售出了，当时梵蒂冈要求它的基金会处理掉所有的盈利企业，因为在那时，获得利润和单声圣歌一样在政治上被认为是不正确的。在经过多年的粗糙管理以及内战和多次外强入侵的影响之后，卡萨尔酒庄现已恢复了自己的声誉。它利用佳丽酿葡萄和神索葡萄这些罗纳河葡萄品种所酿制的红葡萄酒和桃红葡萄酒将证明，去任何一家供应它生产的葡萄酒的黎巴嫩餐馆都会不虚此行。而且那些餐馆中能提供最正宗的卡萨尔庄园葡萄酒的仍然在黎巴嫩本土。

正是一瓶卡萨尔桃红葡萄酒使得我的思想发生了重大的改变。在黎巴嫩内战期间，我和一个朋友拜访了贝鲁特，以便撰写关于那里的冲突的文章。越境进入西贝鲁特非常困难，但却是必须的。除了一位来自圣文森德保罗女修道院的娇小清瘦但结实的修女之外，没有人准备陪伴我们。这家修道院的修会在整个中东地区运作，通常在危险的情况下，给穆斯林和基督徒带来同样的救济和教育。我们穿行在破损的堡垒之间，停留的每一处，我们都能发现苦难：沉默无声的、无助的，经常还有临终的。而在这种苦难的四周，都是爱的援手。

在拜访了一天除了相信慈爱上帝不可思议的能力之外失去了一切的人们之后，我们发觉自己身处在这座城市中一个状况极差的区域，迦勒底人在那里聚集，人们仍然在说基督的语言。这里矗立着特蕾莎修女的女修道院，只接受绝望之人。那天的晚些时候，在相对安全的东贝鲁特，桌上一杯卡萨尔桃红葡萄酒摆在我的身边，我开始考虑我所看到的，并在日记上匆匆记下了一些东西：

我们去敲门，一个跛足的女孩拖着她的脚从黑暗的角落里走出来，像狗一样冲我们吼叫。之后，一位德国修女过来接待了我们。她年轻、漂亮、清新、宁静，很高兴能用她自己的语言来交流。她把我们带到她房间的途中经过了畸形的孩子、打手势的衰老妇女，以及像好奇的小鸟一样用肿胀的双眼盯着我们看的半人型生物。对于我们的到来，大家普遍流露出兴奋感，而在我们用餐时，那个跛足的孩子一路拖着她的脚到了修女的门前，对我们发出啧啧声。修女姿势尴尬地收拾了自己的午餐：两个小萝卜、一个橙子、未发酵的面包和一杯水。女修道院院长来了，她是一位娇小、乐观的孟加拉人，说英语。她向我们展示了她搜集的正睡着的“生物”：唐氏综合征的患者、带有导致瘫痪的畸形的孩子们、其他像动物一样哭喊和爬行的人，但他们中没有一个是真正的动物。每一个躯体里都是被精心养育的人，由善良的孟加拉修女种植在这片没有希望的土壤之中，被温柔地照看着，过着简朴、扭曲，但仍旧热切的生活。

“见证”这个词不断出现在这里的人嘴边。对他们影响更多的是阿拉伯，而非希腊。“萨哈达”一直在穆斯林教徒的脑海中，并被他们的基督教邻居采用了，尽管并不是在非常熟悉的意义上而言。因为你不会通过宣称基督教的信仰来证明它，更不会通过杀害其敌人来证明，而是在慈善和宽恕的过程中证明了它的存在。世界上没有什么能够真正战胜这一美好的理念。即便在我以尼采哲学的眼光去看待这些修女的工作时，将这种对不健康之人的照顾看作对人类能量的浪费以及对人类真正利益的无视；即使我像尼采一样，认为应将人类进化的宴会上的残羹剩饭全都丢弃，力图避免同情；我也将修女的工作看作必需的，将慈善看作是生存这一集体意志的一部分。这些善良的修女有着一份完全占主导地位的事业，那就是无论动物油脂可能出现在哪个人类的身体里，都要去点亮人类灵魂之灯。这也是在为人类服务，并且比选择幸存者这种胆大妄为的意志要有效得多。而且如果真的存在着只有上帝才能完成的工作，那这就是了。

由于我持有的是尼采哲学的态度，所以我感到非常震惊，而持有尼采哲学的态度使我徒劳地试图保护自己远离慈悲，现在我被迫去面对慈善的神秘——由佩吉[1]以圣女贞德的口吻和杰弗里·希尔[2]

[1] 译注：法国诗人。

[2] 译注：英国诗人。

以佩吉的口吻所思索的神秘。[1] 我见证了被圣保罗称为大爱的由上至下的爱，它让我心中充满了不舒服的惊叹。在那个时刻之前，主导我生活的是被称为爱欲的由下至上的爱。我被转向了一个新的方向，而我返回时在伦敦的一家餐馆里饮用的那种简单的桃红葡萄酒的味道，让我回想起基督徒的信仰：将包括你自己在内的所有事物都看作是一份礼物。仁爱修女会传达了质朴的信息：你已经被给予了很多东西，但你又给予了什么作为回报呢？如果你什么都没有付出，那你又如何来弥补呢？多年以后，重新思考这个问题，我试图以另一种方式去理解，尽管我正在遭受特蕾莎修女所经受的“灵魂的黑夜”。遇到上帝不是必然事件，而你可能在通往上帝的拥挤的道路上被这种偶然事件绊住脚。这恰恰是因为那种由上至下的爱的来源是我们所不了解的，我们附加了非常多的希望在由下至上的爱之上，而这种爱的根源在我们内部。

确实，可以公平地说，西方哲学是从研究那种由下至上的爱开始的。爱欲是让柏拉图着迷的现象，并将他的心和他的头一同转向了他最为著名的理论：灵魂及其抵达永恒领域的抱负理论；形式和美的表现理论，在我们的死亡洞穴之外闪耀的光芒的理论；为“关怀灵魂”而设计的城邦及其公共机构的理论。在柏拉图哲学的每一个观点中，我们都会遇到一些论断，其幕后动机是消除我们普通的、

[1] 查尔斯·佩吉具有影响力的诗歌《圣女贞德的慈善之谜》出版于1910年，为佩吉逝世10年后在第一次世界大战中将贞德追封为圣人铺平了道路。杰弗里·希尔的诗歌《查尔斯·佩吉的慈善之谜》出版于1983年。

向下转的、接受死亡的感情，并让爱欲的火花代替那些感情。因此，他对家庭抱有敌意，渴望孩子们被一起抚养，赞美“少年脸上的青春光彩”。一个漂亮的少年让人忧心的景象猛地揪住柏拉图的心，用欲望折磨他。除了不去理会情欲，并通过爱攀登至天堂地区之外，他没有发现对此的解决办法。在那个天堂地区里，我们凝视的并非一个男孩的个体，而是美丽本身的表现。其永恒理念中，男孩只不过是个例子，而在沉思这个例子时，我们找到了我们自己永恒的命运。

葡萄酒帮助我们像深思所有其他深奥而困难的事物一样深思慈善。但是它并没有像激发欲望一样激励慈善。依据某些古代权威的说法，巴克斯和爱罗斯是亲密的伙伴，为了共同的崇拜而共同工作。我们应该记住，巴克斯的生活有着尴尬的开端，他还是胎儿时从自己母亲的骨灰中被救起，并被移植到了宙斯的大腿里。但是他在纳克索斯岛上接受的教育胜过了与其出生相关联的劣势（与其说是出生，还不如说是截肢术）。他成了人类的情人和指导者，减轻了我们的痛苦，还确保扫兴者会如他们应得的那样被残忍地谋杀。为了对这位要求被虔诚对待的神表示敬意，我们应该时不时地去拜访他在地球上首次布道的场所。那个地方变化颇多，因为树林已经被砍伐了，河流干涸了，“梦想家园”建立了起来。因此比真的去到那里好得多的做法是在酒杯中拜访那里，它在酒杯里保持了赫西奥德祈求它时它所处的状态。而且要不了多久你就会发现，居于希腊葡萄酒中的爱不是我在卡萨尔酒庄的葡萄酒里品尝到的大爱，而是爱欲。

至少这是你从热茜那葡萄酒中了解到的。利用松香来为葡萄酒调味自古代起就在希腊被实践着，早期的希腊双耳细颈瓶里被涂抹上松木树脂以纪念狄俄尼索斯，因为他与象征多产的松果相关联。松香的灭菌效果使得希腊葡萄酒可以出口，因此普林尼[1]才会遇到它们，并对它们的松香味感到厌恶。然而，尽管酿造者利用松香去隐藏葡萄的瑕疵，但这还是在向狄俄尼索斯表示敬意，他从不希望自己的小礼物被拒绝。年复一年，热茜那葡萄酒依旧像HP酱汁或酵母酱一样基本保持不变，热茜那葡萄酒的不变性会让你回想起柏拉图最惧怕的性爱的那个方面：它根植于一般的欲望之中，只盯着别人的身体看，却忽视了灵魂。冰过之后的热茜那葡萄酒配上一盘橄榄，就是在希腊餐馆里开餐的正确方式；而且它几乎总是会将你的思绪转向情欲的方向。而如果在一餐结束时你点上一两杯来自塞浦路斯被称为卡曼达蕾雅酒的香甜的“灵丹妙药”（其名称来自于酿制它的威尼斯人的堡垒），那爱罗斯就必然会掌控全程。这无疑就是萨福[2]在对阿芙罗狄蒂[3]的伟大祷告中提到的葡萄酒，而阿芙罗狄蒂是爱罗斯的母亲：

来吧，塞浦路斯人，进入金色的杯中，
倒出神酒，轻柔地

[1] 译注：古罗马作家、政治家。
[2] 译注：古希腊著名女诗人。
[3] 译注：希腊神话中爱与美之女神。

混合着欲望……

此外，真正的性爱只有当欲望被控制并集中时才会出现。因此柏拉图惧怕那种一般化的欲望是正确的，尽管他对于战胜它给出了错误的指示。性爱在变得可转移时就不再是爱，能够真正证实性爱的伟大力量的一个事实是，它使一个人将另一个人当作自由的和负责任的个体并加以关注。我发现这一事实已得到了验证，不仅仅在热茜那葡萄酒的大胆放纵中，还在被称为罗拉蒂亚的克里特岛精致且温和的白葡萄酒中。这种清淡可口的黄绿色葡萄酒以佩萨周围呈阶梯状排列的葡萄酒庄园的干石墙而命名，并利用本土的维拉娜葡萄酿制而成，是新酿的、有生气的、轻微起泡的，带有平衡的酸度和甜干草的香气。它是一种让心敞开接受爱的葡萄酒，驱散了那些会毁掉求爱，或至少是毁掉任何值得去尝试爱的风骚的想法。被称为塞拉丝提斯的独特且细腻的白葡萄酒情况也大体如此，这种酒产自圣托里尼岛（不要与源自塞浦路斯岛的"地中海贫血"[1]相混淆，尽管那或许是治疗地中海贫血的有效药物）。在《远征记》中，色诺芬[2]疲倦的同伴用呼喊声来迎接可以救赎他们的景象——"大海！大海！"——这座岛上的葡萄酒的名字在其间回响，但这种酒的味道很奇怪，它有着岛上女孩清爽、纯真的咸味，正如我 40 年前在旅行

[1] 译注：英文为 Thalassemia，而塞拉丝提斯英文为 Thalassitis。
[2] 译注：古希腊历史学家、作家。

中所了解的那样。她们的味道是一种被储藏起来的性感，刚好让人够不着，以便在最后将完整的自我作为一种礼物呈献出来。而那就是真正的性之所在，也是我对于它的看法与柏拉图不同的原因。

然而，在某一方面，我赞同柏拉图为证明性爱正确而付出的巨大努力。他认为性的道德源自欲望，而非其社会和生物结果，这无疑是正确的。即便性欲与生孩子毫无关联，与组成家庭和社会的人口繁殖毫无关联，但它对我们来说仍然是个伦理问题，仍然是羞耻和指责的来源和对象，仍然是在被正确引导前需要被抑制的事物。然而，对于柏拉图而言，欲望在不指向个人，而是跳过他，以星星为目标时，就是合理的。这太疯狂了，和爱人一起喝一杯葡萄酒就可能是对柏拉图理论的最好反驳，因为它可以将你置于那个只有理性的人才知道的位置，不是对另一个人的视而不见，而是看到他或她的内在的位置。一旦我们用具体与个别来替代抽象概念，这种经验就可以被理解了。我看着我爱人的双眼，因为我想用我的光芒照耀那个地方，在那个地方她也能照亮我，那就是她表示为“我”的那个核心存在。如约翰·多恩[1]所描述的，当“我们对眼一望，我们的眼睛就像穿在一根双股的线上”时，这种经历不是柏拉图所写的因对抽象知识的渴求而变得合理，而是因我们欣然在此时此地将自己给予那个人而变得合理。目光的交汇是自我结合的预兆，而以这样的方式看待事物是任何名副其实的性道德的基础。

---

[1] 译注：英国诗人。

这一联想突显了大爱和爱欲之间的相似和差异。两者都在给予一份礼物的过程中得以实现。在大爱中，礼物是可重复的、可更新的，而且总是在寻找某个新的接受者；而在爱欲中，礼物被集中在另一个人的身上，在合适的时刻之前都被小心翼翼地隐藏，只在对等的条件下才被给予。慈善不求任何回报，但爱欲所给出的，也是它期待得到的。因此爱欲被妒忌所限制，极易遭到拒绝，并必须通过羞耻来保护自己。

那些观点是旧世界[1]的观点，可能是柏拉图给出的，差不多只有他才会给出。新世界[2]关于性的作品没有提及眼光的交汇或是心弦的拨动。它们说的是愉悦之感，甚至将整件事放进成本收益分析的框架之中，正如法官理查德·波斯纳在名为《性与理性》的那本荒谬的书中所写到的。那本书阐释了在江湖骗子阿尔弗莱德·金赛[3]所给出的关于性的恶意描述中美国文化渗透到了何种程度。只是很难确定性行为是何时在美国出问题的。尽管詹姆斯·瑟伯[4]50年前在《性是必要的吗？》中就告诫人们要警惕当时发生的事情，但我冒昧地认为问题出现得更早。问题是和禁酒令一起出现的，当时清教徒已经在一个领域里取得了胜利，但他们在另一个更为重要的诱惑领域收回了他们的警惕性。在10年间，美国人逐渐以他们看待下

[1] 译注：此处尤指欧洲。

[2] 译注：此处特指美洲新大陆。

[3] 译注：著名性学家。

[4] 译注：美国作家、漫画家。

一杯酒的方式看待性行为：某种偷偷摸摸的行为，在你可以的时候，将最强力的原料混合在一起，抓紧时间做一下。随后便是清教主义通常带来的后果：为什么禁止它？为什么控制它？为什么要偷偷摸摸的？说出实情吧！之后，在最为短暂的胜利之后，色情作品和沉溺成瘾出现了，这种沉溺完全消除了另一个人的内在，并破坏了性爱最后的残余。

美国宗族的祖先被剥夺了葡萄和甜蜜的其他来源，只能从黑麦和大麦中获取他们所需的糖分。他们从狂风横扫的苏格兰荒野和爱尔兰沼泽迁移到阿帕拉契山脉肥沃的丘陵和山谷，开始捣碎、制作、蒸馏和装桶，最终偶然酿成了一种饮品。瓦尔特·司各特爵士喜欢一个单词的发音，而我们可以在其中听到酿酒厂的火焰和烟雾发出的声音，他用其盖尔语的名字“uisgeah”（生命之水）来称呼它。他们在美国曾偶然进行了进一步的精炼，也就是将炙热的液体储存在内壁被烧过的桶里。木炭吸收掉不需要的气体，也会投射出一种隐忍、神秘的味道，就像一张清新年轻的面庞上的浓密的黑眉毛一样。至此，波旁威士忌被创造了出来，它已经成了稳定的中产阶级文化的一部分，而中产阶级文化的象征是郊区的“真正的美国”。在郊区，人们坐在家里读着存在于纳撒尼尔·威斯特、威廉·福克纳和库尔特·冯内古特的小说中的另一个美国，在那个美国里，人人醉酒。波旁威士忌是美国人灵魂的庇护所，不能被理解为一种饮品，而应该是一“剂”，通过嘴直接注射到胃里。在这个依赖共识的社会里，协商可以依照共识所需的酒量来达成。大多数买卖是两杯的事务，但是那些了解美国深切的孤独感的人将会熟悉四五杯的碰撞，从中人类的原子沿着新的探索途径弹跳，总是高兴的，又总是孤单的。

美国作家沃克·珀西在《时尚先生》杂志中称赞了波旁威士忌，他写道，它减少了现代世界的道德失范。但是他所描述的与女人的四五杯的交锋表现出了“真正的美国”的另一面：与其说是道德失范，不如说是情感缺失。不是我们在屏奴和自恋性行为的新形式中所见证的缺失，但同样是对给予的日益恐惧。这种恐惧已经制造了其独创的产物——鸡尾酒，在其中波旁威士忌和其他庸俗之物搅拌在一起，并呈给女性的味蕾。而它是有效的：那些郊区的婚姻每个下午都在草坪上更新，他喝一杯，她抿一口，而苦闷就退回到了暗处。

然而，我不会贬低自由者的国土。在那里你能够实现马克思在《德意志意识形态》中宣布的预言：上午打猎（是的，打猎！），下午钓鱼，晚饭后进行文学评论，而且都没有闭路电视来记录你的不正当行为。你可以在郊区闲逛，享受占地 3 英亩的迪士尼城堡的寂静。你可以在汉堡快餐店和大型购物中心里放纵你的幻想，看那些重达半吨的一堆堆人肉，在无形的和不可猜测的起落架上朝前运动，从无名之地到不知何处，用惠特曼式的慷慨对待放到他们眼前、嘴前和鼻孔前的任何东西，总是微笑，总是问候，但又总是有种任何事物都无法治愈的甜蜜而又哀伤的孤独。

但是，除了那些致命的（至少对于冥想艺术来说是致命的）烈酒之外你喝什么呢？当地人每年摄入145磅的糖分，这需要他们反复不断地从护卫他们腹部的罐子里小口抿着。他们在这方面就像在大多数事情中一样受到了固执的爱国义务感的指导。可乐是美国的，所以美国人必须喝可乐。他们对于法国葡萄酒一时兴起的喜爱突然被爱国的怒气终结了。他们喝了大量的百威啤酒，因为在印象中认定它是地道的美国产品，却不知道捷克人要求归还“布杰约维采”[1]的名字和啤酒的诉讼。

因此你喝什么呢？答案很简单：美国葡萄酒。美洲大陆的发现给欧洲带来了葡萄根瘤蚜，但是将我们的葡萄藤嫁接到美国本土的砧木上拯救了它们，使它们免于灭绝。这则故事阐释了一个普遍的真理，即当疾病来自美国时，一般来说其治疗方法也来自美国。教训不是要避免疾病，而是要关注治疗方法。对于自由贸易、快餐和女权主义来说，与葡萄根瘤蚜的情况大体相当，如果不是由于我在这本书中只想努力写出葡萄酒哲学，我将能提供更多具有启发性的实例。

仙粉黛葡萄是由自封的哈拉斯伯爵在19世纪中叶从匈牙利带过来的，除了在意大利的普利亚之外（在那里它被称为普里米蒂沃葡萄），它在加利福尼亚州比在世界上其他任何地方长得都要好。粉色的“仙粉黛白葡萄酒”是真正的“会害羞的葡萄酒”，在欧洲的产品中没有真正能与其相对应的。当黑皮诺葡萄被种植在纳帕谷和索

[1] 译注：Budejovice，而百威啤酒英文为Budweiser。

诺马谷并接受恰当的照料时，用其酿造的葡萄酒能够与中等的勃艮第葡萄酒相抗衡。这些都是被嫁接到新世界砧木之上的旧世界葡萄，它们酿造出的美国葡萄酒和欧洲葡萄酒的关系就像美国郊区的豪宅与英式郊区古典的住宅的关系一样。

确实，尽管在古代巴克斯的双脚走在了英格兰的山间绿色上，但它们在口渴的殖民者迫切需要救援之前并没有去到北美洲的山间。然而，不为大家所知的是，人们的祈祷得到了回应。从远古时代起葡萄就紧紧扎根在满是岩石的山坡上，并沿着山谷蜿蜒，等待着神的探访。它们结出了一种赤褐色的果实，颗粒小、紧实且耐寒，这种果实起初似乎不值得进行葡萄酒酿造。但是杂交和选育使得一些葡萄品种在一段时间内出现在可选类别里，之后在 20 世纪它们就被从旧世界进口的葡萄取代了。而在被全球性浪潮包围的任何地方，你仍然能够找到原始的葡萄，它们从洪水中被抢救出来，被精心“哄劝”制成葡萄酒，这些葡萄酒具有塑造它们的土壤以及它们所塑造的历史的味道。

正是在文明的绅士阶层定居的，而非新英格兰苦着脸的清教徒定居的弗吉尼亚州里，严肃的葡萄酒酿造业开始了。在 1619 年，弗吉尼亚殖民地通过了一条法规，要求每个人种植并维护 10 株葡萄藤。首先被采用的葡萄品种之中就有弗吉尼亚当地的诺顿葡萄，由杰弗逊在蒙地沙罗栽培，并随后由神的信徒在弗吉尼亚的许多庄园里种植。“我们在美国可以酿造出和欧洲一样多品种的葡萄酒，不一定是同样的品种，但无疑是一样好的。”杰弗逊在 1808 年如是写道。诺顿葡萄是唯一适合老自治州[1]潮湿气候的葡萄，它在19世纪晚期带来了一种顶级的红葡萄酒，由蒙地沙罗葡萄酒公司出产并成功报名参加了国际竞赛。杰弗逊已经将葡萄酒当作“对威士忌造成的困扰的唯一解药”而坚决加以维护。但是两种酒“细微”的差别对清教徒封闭的心理没有影响，而比威士忌要难隐藏得多的葡萄酒在禁酒的日子里几乎从美国饮食中被删除了。之后，神害羞地回归了，然而此时诺顿葡萄在加利福尼亚州的全球化产品那里进一步受挫。但是仍然有足够多的旧葡萄酒庄园坚持了下来，而且近些年来虔诚的信徒已经在致力于恢复它们。成果就是一种非凡的葡萄酒，虔诚的信徒无论何时听到神在那仍然令人难以忘怀的风景中徘徊时所发出的呼喊，都应该饮用这种葡萄酒。

从我们在蓝岭山脉的房子里出来，沿路而下就到了霍顿葡萄酒公司。而在我抵达美国后不久，在我已经养成了每晚用在从小华盛顿的商店里买来的那瓶马莎内白葡萄酒来宽慰自己的习惯时，一位朋友带来了一瓶霍顿的诺顿葡萄酒。瓶内漆黑的物质就像一群大黄蜂一样从酒瓶里冲了出来，粘附在鼻子、嘴唇和上腭上，并用榛子、蔓越橘和糖蜜的浓烈味道刺痛了我们。之后，在我们踉跄着走开时，葡萄酒开始在上腭上“演唱”它伟大的后曲。美国葡萄几乎分辨不出的褐色听起来就像夏日芳香的合唱之下深沉的风琴音调。一种辛辣的喜悦充斥在口中，水果深沉的低语在腹部回响。我认出

[1] 译注：弗吉尼亚州的别称。

了旧时弗吉尼亚真正的味道——红色的岩石类土壤、潮湿的空气、满是昆虫的微风，全部被塞进这瓶浓黑色的葡萄酒里，之后随狂喜的云雾被释放到桌子之上。

然而，公平地说来，尽管加利福尼亚州最好的产品比得上欧洲的葡萄酒，售价与波尔多一级和二级酒庄的葡萄酒相当，但美国葡萄酒很少像诺顿葡萄酒一样诠释了这种土壤的真实味道。那是一块除了被埋葬在老自治州战场上的死者外没有其他殉道者的土壤，也没有圣人或神祇可与居于法国田野之上的圣人和神祇相抗衡。葡萄酒庄园都是近来创建的，其中许多都是意大利移民的成果，这些意大利移民在葡萄藤之间的生活被维克拉姆·塞斯[1]在其被忽视的杰作《金门》中精美地描述了出来。旧时部落的后裔在阿巴拉契亚山脉长长的阴影下喝着私酿酒，歌颂将他们召唤回家的耶稣。而他所承诺的家园是一间小木屋，就像他们出生时的木屋一样，桌子上摆着苹果派和苹果酒，或许在主拜访时还有一杯黑麦威士忌。美国旧时的部落已经定居在一个也已神圣化的地方。但是不知怎的，这次定居在没有葡萄酒的情况下就完成了。

尽管葡萄酒对于神明并非是必要的，然而，神明却是对葡萄酒的极好附加。最伟大的葡萄酒酿自神圣的地方——罗马神祇的神庙、修道院的花园以及因骑兵分割土地而形成的山坡梯田。这一直让我质疑澳大利亚和新西兰的葡萄酒。澳大利亚是神圣的风景的绝佳示

[1] 译注：印度作家。

例，但却由作为狩猎采集者而居住在那里的人们改造了，其文化自那时起就遭到了破坏。他们对于那片风景的精神回应的某些部分已经由布鲁斯·查特文[1]在《歌之版图》中刻画了出来。一排排壮硕的霞多丽葡萄酒和欢快的西拉葡萄酒林立在那里以视等级，数百万瓶叮叮当当一路被送达城市的葡萄酒大军都是对那样的回应的强烈驳斥。这些葡萄酒的第一段旅程，是漫无目的的，它们从不知名的地方被酿造出来，又被送到任何一个无名的地方。

当然这就是全球经济，我们不得不接受它。世界贸易组织都已经如此裁定了，我又有什么资格抵挡历史的潮流呢？（来想一想吧，我是我所知道的唯一确实与历史潮流相对抗的人。）在松口之前仍然有两点需要说明。第一点是，大洋洲比欧洲早6个月收获葡萄。因此，在现代从葡萄到"污水"的文化中，大洋洲的酿酒厂比他们的北方竞争者有6个月的优势，而且他们充分利用了这一优势。我一开始写有关2001年秋季葡萄酒的内容，就被要求讨论放到我桌子上的2000年酿制的葡萄酒，这些酒花费了这颗星球些许成本，但却没花费制造者什么成本，而且通常贴着标签吹嘘着它们去神圣化的产地：后端、铁路转向处、宽底、孤桉、另一面、山那边。你只会偶尔在像猎人谷和库纳瓦拉这样的名字中瞥见澳大利亚神圣的史前史。还有威拿酒庄，那是澳大利亚最古老、最美丽的酿酒厂之一，坐落于麦克拉伦谷。如果有一种葡萄酒带有澳大利亚的味道，那就应该

[1] 译注：英国作家。

是他们用歌海娜葡萄和西拉葡萄混合酿制的葡萄酒，非常浓烈，很像加烈葡萄酒，将波尔图葡萄酒有过失的放肆行为与澳大利亚内陆地区的顽皮相结合。而更正统的，带有与淳朴的澳大利亚西拉葡萄酒类似的甘草的味道和深紫色的这种葡萄酒，产自布肯木酿酒厂。如果我想描述这种葡萄酒，我就会说它尝起来像是蝉的声音，但是这只是对描述事物的味道有多难的另一个例证。

为什么叫“西拉”呢？这种葡萄，即西拉葡萄，与西拉城毫无关联，尽管罗纳河沿岸各处都相信这么一个传说：这种葡萄是随着回归的十字军而来的；尽管西拉城有着伟大的葡萄酒迷哈菲斯的出生地的美誉。西拉是酿制埃米塔日葡萄酒所用的葡萄，埃米塔日葡萄酒需要花费数十年成熟，以便成为罗纳河地区所有产品中最为清淡可口、芳香四溢的葡萄酒。“西拉”这个名字使得葡萄酒听起来奔放而热烈，需要带着最近刚从喝啤酒转为喝葡萄酒之人的男子气概的坚韧，直接拧开盖子大口咕嘟喝下。而西拉葡萄的种植比重之所以占到 14% 或是更多，这是因为人们施了个技巧让葡萄早熟，以便更早地将葡萄酒成品投放到市场上，这使得所有的甘草香味都没有得到抑制，就像身体歪斜着将一只毛茸茸的手放到你膝盖上的年老的登徒子一样，吐出它的叹息。这么做是在诋毁一种经过妥善处理会成为最缓慢、最有教养的诱惑者的葡萄，就像在埃米塔日山或罗地丘上所呈现的那样。

然而，不管你喜欢与否，在澳大利亚出产的西拉葡萄酒比其他所有红葡萄酒品种加起来还要多。而这让我想到了我的第二个要说明之处，也就是除了几种像威拿葡萄酒这样的例外情况之外，大洋洲的大多数葡萄酒没有其产地的味道，它们只带有葡萄的味道。它们在从酒瓶中全副武装地飞跃而出时，实际上只喊出了赤霞珠或雷司令的字眼，用它们的不锈钢般的香气猛砍你的头。

不过我们必须记住新西兰，那里比澳大利亚凉爽得多，安静得多，也没有那么激进，而且不那么冒犯人。我自己的疑虑被新西兰最大的酿酒商蒙大拿的一种黑皮诺葡萄酒打消了。与我所有的预期相反，那是一种芳香的葡萄酒，放置的年头越久，葡萄酒的品质越好，而只在瓶中放置 3 年就已经有了很大的魅力和个性。当然，它尝起来不像勃艮第葡萄酒。但是它在一个重要的方面与最好的勃艮第红葡萄酒相仿，那就是在持续饮用它后，我自身不断被改进了。

像许多英国保守主义者一样，我对新西兰态度矛盾。一方面，据大家所说，英式礼仪、英式风俗和旧时英式的彬彬有礼仍然在新西兰纯正的英式草地上那些无尽的牧场中延续着，乡村邮局、圣公会教堂、卫理公会礼拜堂、乡村酒吧和板球场仍然在乡村社会中占有自己平常的位置。就我所知，带着猎犬打猎还没有被禁止，而且或许人们在饮茶时还会加蜂蜜。另一方面，新西兰对所有重大事物方面的意见都坚定无疑是后现代的，具体包括性、婚姻和繁殖后代，上帝、猿人和天使。在阅读了新西兰女权主义者、动物权益保护者和多元文化主义者所创作的文学作品后，我马上就判断出，我在毛利人（Whare Wananga）的知识分子中不会有地位，而坎特伯雷无疑马上会改名为Whare Wananga。然后，在访问坎特伯雷大学的网站时，我发现戏剧社最近在上演索福克勒斯[1]的《菲罗克忒忒斯》，哲学系在维护大洋洲在科学哲学方面的伟大传统，所有旧时的学科都仍然可供选择，至今仍没有女性研究的院系。

当然这并没有打动我去拜访那个地方。旅行让思维变得狭窄，而你走得越深入，思维就变得越狭窄。只有一个方式能让人带着开放的思维去拜访一个地方，那就是在酒杯中。但是我上一次端着一杯 2004 年份的艾拉达斯黑皮诺葡萄酒去那里时，我只听到了那些无尽争辩的低语声，大洋洲人用这些无用的争辩毁坏了自己的良心，争论谁才是这里美景的实际拥有者。而这让我回归到我从葡萄酒那里学到的最重要的事情之一上，那就是在一个之前从未有过葡萄藤的地方种植葡萄藤的人有着高于任何其他人的头衔，无论事件经过如何。如果存在对旧时英国正统的背离，而新西兰人还会为此值得慷慨的赞美的话，那就是他们决定不仅种植葡萄藤，还要学习如何用最正统的方法去酿造葡萄酒，换句话说就是像它在法国被酿制那样。新西兰葡萄酒在葡萄酒迷中的声誉很大程度上源自它们尽心试图与卢瓦尔河的赤霞珠葡萄酒一较高下，而且它们因为试图与勃艮第的黑皮诺葡萄酒较量而值得更多的赞美。

这些葡萄酒让人生动地想起新西兰开阔的牧场，那里是被设计用来带着猎犬打猎的，无论这种贵族运动是否仍然还被允许在那里开展。打猎的话题带着我走上了另一场葡萄酒之旅。猎犬是犬科动物

[1] 译注：希腊悲剧作家。

的一种特殊分支，而且据我所知是唯一将人类理解为和自己是一伙的犬类。那些养猫来控制小老鼠或养梗类犬来控制大鼠的人熟悉这种通过打猎打造出来的跨物种的伙伴关系。但是那些饲养猎犬来控制狐狸的罪犯以提高的和更深刻的形式来运用这种关系。猎犬不是像宠物一样被饲养的，它们过着苦日子，吃死牲畜和老朽马匹的生肉。它们的日常生活很难和野狗的生活区分开来。猎人是猎群的首领，他的猎犬通过一种纽带依附于他，这种纽带不像猫和碗柜之间的关联那样是功利性质的，而是存在主义的，就像是世界和上帝之间的纽带。一只追踪老鼠的猫将会对你的呼喊充耳不闻，但号角声在猎群听来就像是良心之声，在猎杀之前几乎任何时刻都能让其远离猎物。猎犬的行为方式就像是我们被培养成的行事风格：当“是”突然转换为“否”，你就想到了英格兰。

有一种葡萄酒是我的最爱之一，它总是让我想起这种奇特的关系，那就是名为“忠实的猎犬”的葡萄酒，那是来自海角的斯泰伦博斯的一种红葡萄酒，以一条猎犬命名，这条猎犬被主人遗弃了，但它却在慕德博斯农场一栋空无一人的小屋外坚守了 3 年，直至死去也没有人回报其忠诚。普通的南非红葡萄酒带有熟悉的血、火和昨天的烤肉的味道，它则不同。它是在圣祖利安村之外你能找到的最接近圣祖利安葡萄酒的葡萄酒，由梅洛葡萄和赤霞珠葡萄混合精酿而成，其中还添加了一点马尔贝克葡萄以增加深度。它色泽暗紫，带有浓郁的果香，从酒杯中释放出最为微妙而丰满的酒香。其 1998 年份的葡萄酒在一支玻璃瓶的掩饰下，使得同伴以为我用雄狮庄园葡萄酒来招待他们而夸我慷慨，而我又怎么能告诉他们这不是那种葡萄酒，而是一种价格只有其 1／4 的葡萄酒呢？

葡萄酒已经成为南半球最为重要的产品之一。像南非、新西兰和智利这样的国家一个世纪之前还在从欧洲少量进口葡萄酒，现在却饮用大量的本土产品，并将剩余的部分出口到世界各地。这一改变的原因更多的是文化上的，而非经济上的。在 20 世纪，这些国家逐渐了解了自身，他们不是来自欧洲的放逐者，而是历史性的移民，享有支配那些土壤的权利，并拥有由土壤所塑造的身份。表达这种感情最主要的方式是种植葡萄，这象征着拥有在你所在的地方享受神的护佑的神圣权利。这就是葡萄藤在《旧约全书》中、在狄俄尼索斯的传说中、在荷马文学和罗马文学中是如何被看待的。这就是为什么在奥古斯都时期意大利被称为欧诺特利亚（Oenotria），即葡萄酒之乡，以及为什么没人曾成功说服一个意大利人，说他属于他的祖先所出生的爬满葡萄藤的山坡之外的其他地方，无论他在离家乡多远的地方游荡。

意大利文化称颂家庭、城市和地区，乡村仪式和乡村圣人，造就他们的当地美德、当地恶习和当地菜肴。这种文化的基础假设在于，最好待在你所在的地方，匆匆前行是危险的。或许它最开始只是对罗马帝国的一种反应。正是贺拉斯[1]写下了“走遍海角天涯，本性不改”，这是对旅行让思维变得狭窄的另一种表达。但是文化

---

[1] 译注：拉丁诗人。

最近已经被更新了，现在有了明显新潮的观念。慢食运动就始于意大利，在那里缓慢工作运动不再有真正的竞争对手。而在每间意大利酒吧里都能看到慢饮运动的踪迹。

确实，那些疯狂的澳大利亚人在种植他们的全球性葡萄品种，并向当地人展示如何酿制能够在任何地方向任何人售卖且永远不被批评的葡萄酒。但是意大利葡萄酒像造就它们的土壤、圣人和季节一样保持了多样性。近 3000 年持续的葡萄栽培确保了意大利的葡萄品种已经融入土壤，而土壤也成长为葡萄，地球上几乎没有地方能做到这一点。

向南行进，从皮埃蒙特平静、光滑且温和的山地到卡拉布里亚被烤过的火山山脊，你会经过一个个小镇并接连遇到一种新的葡萄品种、一项新的技术、一种新的风味，通常还会遇到一种新的酒瓶形状。意大利能吸引到非常多的游客的原因就在于，那里还没有塞满游客，在那里当地的习俗仍然比穿着可怕的夏日服装来践踏它们的陌生人得到更多的尊敬。而且当地的葡萄存活了下来，像护卫葡萄酒庄园的圣人和保护圣人的老奶奶一样受人尊敬，而具体的葡萄品种有：巴贝拉葡萄、皮埃蒙特的内比奥洛葡萄和柯蒂斯白葡萄、威尼托的圣温琴佐白葡萄、卡拉布里亚的加利尤波黑葡萄、阿布鲁佐的蒙特普尔恰诺葡萄以及西西里岛的黑达沃拉葡萄等。其中还有非凡的桑娇维赛葡萄，基安蒂葡萄酒就是用它酿造的，那是一种一被移植到一座新的村庄就能杂交成为当地土产，像世代埋葬在那里的人一样扎根于土壤之中的葡萄。蒙特普尔恰诺的桑娇维赛葡萄是酿制著名的贵族葡萄酒的原料，与佛罗伦萨的桑娇维赛葡萄差别很大。而就在佛罗伦萨城外仅6公里的山坡上的一片天然的圆形凹地内就有一座占地6公顷的葡萄酒庄园，那里种植了桑娇维赛葡萄的一种翻版，且只在那里种植。这种葡萄酿造出了被称为卡姆珀西里奥的当地葡萄酒，那是一种口感复杂、紧密的“圣水”，它完全不像基安蒂葡萄酒，就像驴不是骡子一样。再看看在特伦蒂诺地区的玄武岩土壤中繁茂生长的玛泽米诺葡萄。伊瑟拉是罗韦雷托附近的一座村庄，那里的玛泽米诺葡萄酒自称是特利腾大公会议[1]的记录资料和疯狂的咏叹调《非常热的酒》中提及的葡萄酒。而《非常热的酒》正是莫扎特的《唐璜》中用来表达他对于感官享受无法得到满足的渴望的。然而，所有特利腾人都一致认为，他们的玛泽米诺葡萄酒千万不能和帕多瓦的玛泽米诺葡萄酒相混淆，后者是款彻头彻尾的次等产品。

一个非凡卓越的葡萄品种就是艾格尼科葡萄，在罗马时代之前它就被种植在普利亚的沃图尔地区。这种浓郁的红葡萄生长在海拔500米左右的火山土之上，那里的气候包含极端的冷和热，全球没有什么葡萄品种能够忍受。这种葡萄酿制出了一种有着非凡的深度和复杂度的干红葡萄酒。它需要花费20个月在桶中达到成熟的状态，最好再在酒瓶中存放几年，等着它从宝石红色变成提埃坡罗[2]善用

[1] 译注：Council of Trent，是教会第19届大公会议。

[2] 译注：意大利著名画家。

的清透的石榴石色，而太阳炙烤过的山坡的所有香味都被包含在它醇和的拥抱之中。它是一种适合庆典的葡萄酒，适合贺拉斯在芬芳的诗句中提及的那些神圣的夜晚和节日，而那些诗句分享了他出生地的葡萄的魅力。

如果他的祖传庄园在他支持布鲁特斯抗击安东尼之后没有被没收，那贺拉斯就无疑会坚持喝普利亚的葡萄酒。从贺拉斯的年代开始，那些葡萄酒庄园经受了被忽视的阶段，但是现在恢复了荣誉，由拥有百年历史的德安格罗公司领头制造的葡萄酒绝对是意大利南部出产的最诱惑人的红葡萄酒之一。德安格罗的沃图尔—艾格尼科葡萄酒是一种浓烈的葡萄酒，有着完美的平衡，有着不显眼的单宁味道，它的香气就像一长排水果之前敬放的香一样袅袅升起。它被证明是在爱丁堡和我十几岁的女门徒们共进晚餐时的绝佳佐餐酒，她们在那里学习。我害怕我的教程会被从以教授脸谱网、奇迹乐队和大卫·贝克汉姆为目的的大学删除。但是我的教程没有被删除，当酒瓶出现，酒杯被斟满时，她们同时说“现在该喝酒了”，那是她们对贺拉斯最大程度的理解。

我的女门徒们是罗马尼亚难民的女儿，她们在我生活中的存在是那一段强烈的叛逆时期产生的几乎让人费解的副产品，是对社会制度的建立、战后共识和福利文化的叛逆，有人会说那是对人性本身的叛逆。我不确定我是何时开始察觉到以下事实的：英国高等学府已经转向了我所谴责的虚无主义的方向；如果想要将真理而非正统作为自己的目标而尊敬的话，那这个国家的学问从此就将不得不在学术圈之外做了。但是有两件事无疑对我产生了重要的影响。第一件事是我碰巧在格拉斯哥大学目睹的一场典礼。那天我自己的特约讲演遭到了半官方的抵制，作为“不给法西斯平台”政策的一部分。一群穿着学术长袍的老家伙在给罗伯特·穆加贝授予荣誉学位。是基于为思想生活做出的什么贡献？我问道。没有人能回答我。第二件事是我听说的另一个荣誉学位，由当时的伦敦中心理工学院授予给齐奥塞斯库的夫人，以承认她作为化学家的声誉（这一声誉除了遭到几个为了保护他们自己而被监禁起来的怪人的否认之外，没有遭到罗马尼亚化学家的否认）。

不是每个人都赞同我们的机构对齐奥塞斯库家族的拍马屁行为。杰西卡·道格拉斯—霍姆[1]领导了一群无畏的持不同政见者，这些人拜访了那些处于困境之中的人，让世界觉察到真相，而且冒着对他们自己而言不小的风险，守护罗马尼亚的村庄避免因齐奥塞斯库的疯狂设计而被夷为平地，因为他已经将布加勒斯特的许多地方都夷为平地了。如果罗马尼亚的农村仍然存在，那就要部分归功于道格拉斯—霍姆及她在那些黑暗的年代里建立的基金机构——以罗马尼亚的民族诗人命名的米哈伊·埃米内斯库信托基金会。

米哈伊·埃米内斯库信托基金会是我所知的有效的罗马尼亚爱国主义的一个例子，而它是由一位英国女性建立的，这又有什么关系呢？自齐奥塞斯库倒台时起，这个信托基金会就承担起了恢复特

[1] 译注：英国作家、艺术家。

兰西瓦尼亚的撒克逊村庄的任务。到达这一地区的游客将会知晓其惊人的美丽，这以天堂激怒撒旦的方式激怒了齐奥塞斯库。但是他们或许没有发觉那里出产一种非常美味的葡萄酒，而且这种葡萄酒在英国也能买到。实话实说，这种葡萄酒是由德国人酿造的，原料是一种法国葡萄，在从匈牙利进口的橡木桶里成熟。如果你从罗马尼亚中减去法国、德国和匈牙利，就没什么珍贵的东西能剩下了，或许除了齐奥塞斯库或他希望用来掩盖2万座村庄坟冢的羊茅草之外，当然也就没有爱明内斯库[1]、埃乃斯库[2]、约内斯库或任何其他名为斯库的人了。

拉塞塔特葡萄酒（La Cetate，意思是"在城堡旁边"）是奥皮瑟出产的一种带有果香的梅洛葡萄酒，由卡尔莱酒厂酿造而成。2000年份的拉塞塔特葡萄酒有着香草的回味，你几乎可以从酒杯上将其舔下来，而且比你以同样的价格可以买到的任何葡萄酒都要有深度，果香也更为浓郁。酿制这样的葡萄酒是罗马尼亚收回自己是欧洲一部分身份的部分努力，是来自它和法国及它自身的法语文化的历史渊源。

由于真正的法国已经在欧洲联盟的法律承认的法国之下消失了，所以罗马尼亚是否能更好地延续这样的历史只能由每个人去猜测了。但是罗马尼亚不是唯一依靠法国的道德生活来维持其身份和精神构成

---

[1] 译注：罗马尼亚浪漫主义诗人。

[2] 译注：罗马尼亚小提琴家。

的国家。还有由普罗斯佩·梅里美[1]创造出来并由他的同胞谱曲的西班牙，其中比才[2]是为他谱曲的第一人（为梅里美的《卡门》谱曲）。或许对西班牙最伟大的描绘出现在德彪西的前奏曲第二部《葡萄酒门》中。德彪西去过一次伊比利亚半岛，在那里待了一个星期，他看到了自己的错误，然后逃回了巴黎。

像德彪西一样，我对西班牙有着透彻的了解，我曾经骑着我摇晃的老旧小型摩托车在比利牛斯山脉间穿行数天，却没能到达任何有意思的地方。因此西班牙在我的想象中还没有被破坏，而且想着它——更好地是去饮用它——是一种未受污染的欢乐的源泉。我在酒杯中拜访的村庄和酒窖刷着白色的涂料，地上铺着石板，位于陡坡之上，焦干的、平常的、有沙砾的、带有黏土的土壤像赤土色的裙子一样从它们紧密的边缘处滑落。

里奥哈葡萄酒也是一项法国的发明。尽管葡萄藤从远古时期起就在西班牙这片非常美丽的土地上生长，但只是在葡萄根瘤蚜传染病彻底摧毁了波尔多的葡萄酒庄园，且种植者南迁时，当地种植它们的想法才被确定下来。从那时起，里奥哈葡萄酒就被科学地酿造出来了，并且现在被法律精心控制着。

西班牙酒窖代表的是一种生意，而非一个地方；更像是工厂，而非葡萄酒庄园，通常从该地区的各处收购葡萄。因此在选择葡

[1] 译注：法国现实主义作家。

[2] 译注：法国作曲家。

萄酒时，你必须看公司，而非看土地。尽管里奥哈葡萄酒有着种种优点，但它绝不会像法国葡萄酒那样，将你带到一小块有名字的、神圣的特定土地上。里奥哈红葡萄酒是由丹魄葡萄混合较少量的歌海娜葡萄（法语为Grenache）、马士罗葡萄和格拉西亚诺葡萄酿制而成的。这种葡萄酒在橡木桶中成熟，通常是美国橡木桶，这也就解释了它为什么会拥有香草的香味和悠长的回味。这种葡萄酒被官方分为4级，由瓶内酿熟时间和桶内酿熟时间来区分，具体为：普通、佳酿、陈酿和特陈。只有在最好的年份里才能酿造出特陈里奥哈葡萄酒，而要喝处于最好状态的这种葡萄酒，你需要将其存放10年。一杯陈年佳酿就像是朝点着蜡烛的地窖看进去，在那里穿着花哨的大主教们正在黄金制成的金灿灿的器皿中间打盹。

然而，说起普通的西班牙葡萄酒，立刻就能想到丹魄葡萄独特顺口的味道，闪着生命的光芒，却又戴着像弗拉门戈舞者的脸一样乳白色的面具。橡木和丹魄葡萄的结合在特别偏爱里奥哈的地区很受欢迎（尤其受到那些来自法国的酿酒师的偏爱），但是它在瓦尔德佩纳斯并不奏效，在那里陈酿经常意味着过量的奇特成分。我们也不应该忘记，西班牙葡萄酒，特别是一些最好的葡萄酒，要么将丹魄葡萄与其他更靠北的葡萄品种混合在一起，要么完全避免采用丹魄葡萄。

依照我的经验，西班牙葡萄酒中最有趣的是比埃尔索的葡萄酒，产自朝圣者前往圣地亚哥—德孔波斯特拉的路径旁古老的葡萄酒庄园，由本地的门西亚葡萄酿制而成。这是法国朝圣者绝不会喝的葡萄酒，他们会随身带着自己从比利牛斯山脉的另一端带来的自产的马迪朗葡萄酒。近期的深入研究已经说服了我，那些法国朝圣者是错误的。门西亚葡萄种植在非常陡峭的白垩山路上，它们必须用驴子来耕种。而每当我与山姆马分享这种葡萄酒时，它都会迅速转身离开，仿佛它听到了许多马科动物最后的嘶鸣声，它们为了带来这种染着鲜血的剩余物而劳累致死。但是在世人的眼中，比埃尔索葡萄酒证明了酿制它所付出的劳动的合理性。由于土壤贫瘠且经过太阳的烘烤，它富含矿物质，为深血色，像洛尔迦[1]甜中带苦的情歌一样带有忧思的味道。

有些人说西班牙已经不复存在了。1921 年何塞·奥特嘉·伊·加塞特[2]出版了《无骨气的西班牙》，预言了自己国家的衰败，因为西班牙人失去了将荣誉置于快乐之上的习俗。奥特嘉于 1955 年离世，当时野蛮的入侵刚好开始，他也就没有机会去比较消费主义对于西班牙人的影响与它对于正在海岸沿线奸淫掳掠的英国人的影响。尽管如此，我们必须相信奥特嘉的观点，并假设西班牙人已经从崇高的责任感状态下降至他们目前的状态，堂吉诃德徒劳的骑士精神一度是他们民族性的特征。

然而，我认识漫步于西班牙寻找那些奥特嘉所珍爱的干橄榄般

[1] 译注：西班牙诗人。
[2] 译注：西班牙哲学家。

的人，而我听了他们的报告后就轻易相信了这种人的存在。因为他们说，西班牙在幽静的山谷间繁盛发展，被保护起来免受全球蝗虫风暴的侵袭，强健的古老葡萄藤在那里吸吮着多岩石的下层土，而结出的葡萄则充满复仇的味道。改变一切并破坏梅里美、比才、夏布里埃、德彪西和拉威尔的努力的不是奥特嘉所诊断出的道德疾病，而是它所导致的内战。当然，内战在某种程度上是对国家的肯定以及人民对国家的爱的证明。如果你不将这块土壤、这片风景、这段历史、这个团体看作你自己的，你又为什么要战斗呢？因此在爱国的英国人中才会出现圆颅党和骑士党之间的长久分割。也因此美国人对于“南北战争”抱有情绪，尽管战争伤亡人数令人震惊，但这种情绪现今带着全部美国人共享哀悼，从此岸到彼岸不分彼此。然而，这种共享的悲痛是原始宽恕的一种遗产，通过尤利西斯·格兰特[1]和罗伯特·E. 李[2]宽宏大量的情感得以成为可能。而研究美国内战的学生不可避免地会问自己，在西班牙有没有人做出这样的示意，如果有的话，会是谁呢？洛尔迦自己就是他在《血婚》中刻画的复仇精神的受害者，这种复仇精神也存在于那些现在力图掘开这位诗人的坟墓的人之中——不是为了实现和解，而是为了揭开伤疤。加尔松法官[3]已经用自己的控诉热情打破了智利脆弱的平衡，他现在正为内战的受害者讨回公道——但只是为一方的受害者。而

[1] 译注：美国南北战争中的北方将军。

[2] 译注：美国南北战争中的南方将军。

[3] 译注：提出引渡智利前独裁者奥古斯都·皮诺切特的西班牙法官。

正如美国南北战争的例子所说明的，内战的创伤不是通过法律正义被治愈的，而是通过宽恕，宽恕是我们最后可用的道德资源。这就是每当我在酒杯中斟满那种洛尔迦风味的比埃尔索葡萄酒时盘旋于酒杯之中的想法。

20世纪的罪行现在以内疚本身才能导致的速度从人类记忆中迅速消退了，而认识到这些罪行的人们应该将宽恕的概念牢牢地加到哲学的教学大纲之中。而如果人们没有做到这一点的话（我认为大多数人没有），那我们或许至少能够“希望”（如果希望是合适的词的话）伊斯兰教徒的日常礼拜能够提醒我们：宽恕被播种在我们文明的心中，它像一根金线一样穿过并指导了我们的祖先找到所有的规则和普遍的真理。我手中端着酒杯，对所有西班牙人深感同情，我愿意宽恕那些通过暴力推翻自己的合法政府的右翼分子，以及那些在盛怒中毁坏旧西班牙的象征时谋杀了大量牧师和宗教人士的左翼分子。但是西班牙人已经相互宽恕了吗？他们目前的一些表现使我对他们已经相互宽恕深表怀疑。而我禁不住去想，如果他们理解了《葡萄酒门》所传达的信息，正如德彪西精心创作出来的那样，那双方就都会将争吵推迟到第二天，并在不久之后专注于一个被拖延许久的极乐世界。认为像西班牙这样的国家应该进入比美国内战更为野蛮的内战之中的想法是让人不安的，不同于美国人，西班牙人手头上已有了和解的工具，只需拧开水龙头即可。

第二部分　故我在

PART TWO THEREFORE I AM

意识和存在

说引出本书第二部分的那三个字包含哲学的整个内容可能过于夸张，但是却并非远离真相。哲学因思索原因、意识和存在而产生，而这三个理念依次被表达为“故”、“我”和“在”。

通常就是这些小词和不显眼的句法细节隐藏了最深层的哲学问题。伯特兰·罗素利用一篇专门研究“the”的文章将说英语的哲学置于其现代路径之上，而“the”是一个并非在每个人的语言中都有其对应词汇的字，而且在英语中单独存在时毫无意义。罗素的文章阐述了他著名的“摹状词理论”(theory of descriptions)，这一理论开启了“分析”哲学，为逻辑原子论和逻辑实证主义奠定了基础，并是剑桥反传统人士反抗古代形而上学实践的众多打击工具中的头一个。

考虑一下“故”。有什么字比这个更有用，我们没有了它所建立起的联系就无法过我们的日子？但是它的意思是什么呢？它有任何单一的或固定的含义吗？葡萄酒生动地提醒了我们，思想即便不是通过逻辑联系起来的，也可能通过联想关联起来。“他是一个男人，故是一个人”在逻辑上是无懈可击的，并展示了竭力循规蹈矩的“故”。“他是一个男人，故是一栋房子、一份收入、一个保护者”很可能已经进入为其斟满酒杯的女子的头脑中，它表现了在不那么体面的伪装之中的“故”。这不是逻辑，而是推测——对其不能进行逻辑上的评论，只能进行道德上的评论。

在其所有的正常用途中，“故”这个字与“为什么”紧密关联：它通过展示事物以现有状态存在是有缘故或理由的而回答了我们合乎逻辑地描述事物的需求。原因应该与理由区分开来：原因用以解释，而理由用来证明。但是两者都在涉及“为什么”和“故”的情况时被使用。此外，理由有许多种：有些是逻辑性的，有些是实际存在的；有些必然带来其结论，而其他的则只是邀请结论。然而，尽管存在很大的分歧，在正常的话语中，“故”这个字以连贯的方式将事物连接起来，利用到法律、惯例和期望这些说话者的公共财产。它对于我们所说的话施加了一种控制力，暗示它所连接的事物要么是通过自然结合起来的，要么是通过理性的论述联系起来的。而就定义而言，理性的生物是理解以那种方式制造的联系，并利用这些联系的生物。

理性生物的生活在远离非理性生物的另一个世界之中，那是一个法律、时代、计划和目标的世界。他们的生活方式中，拥有意图和欲望，信念和信仰，价值观和需求，快乐和愉悦。他们的情感不能以非理性生物情感被理解的方式（通过欲望与厌恶）而被理解，因为他们的情感涉及对自我和其他生物的判断、沉思和定义。理性生物经历懊悔、内疚和羞愧，还有敌意和恐惧。他们在爱、责任、审美观和祈祷中找到自己的成就感。而所有这些都被反映在他们的外表之上。与其他生物不同，他们微笑，而且就像弥尔顿[1]所说的那样："微笑自理性流出，动物无法微笑，微笑是爱的食粮"。正如我在谈论希腊葡萄酒和爱欲时所指出的，理性生物不仅仅去看事物，他们观察事物，就像爱人相互凝视对方的眼睛一般；他们在皱眉和脸红中显露自己的内在想法，而他们的姿势闪耀着内部灵魂的光芒。他们的关系中贯穿着善与恶、权利和义务的观念。他们接近彼此，不仅仅是把对方当作达到某种不属于他们自己的目标的工具，而是当作能够识别出彼此需求的独特个体。当我们把他们看作人时，这一切以及更多的内容就是我们想要表达的，或是应该表达的。

在思想领域里，理性以藐视推理规则的方式而出现。我们的"故"就像巴克斯的追随者一样沿着假想的道路跳舞，在自己周围撒满花朵，将想法像一根线上的珍珠一般连接起来。然而，此处要注意：对一个事物的印象可能使得我们以两种截然不同的方式去考虑另一个事物。举个例子，我看过弗朗西斯科 · 瓜尔迪[2]绘制的一幅风景画，其中涂着斑驳的黄色涂料的小房子在落日的余晖中，依偎在尘土飞扬的道路旁。这使得我回想起在卡拉布里亚[3]的徒步旅行，路旁老旧的房屋、日落时分飘满尘土的空气的味道、我同伴的手的

---

[1] 译注：英国诗人。

[2] 译注：意大利画家。

[3] 译注：意大利南部的一个大区。

触感，当时她突然停在路上并说出那奇怪的事情，我本可以那样回答，却没有那样回答……此时我看着散满颜料的画布，产生了两组截然不同的想法集合。一方面，我被引导着去想象满是尘土的路旁涂有斑驳涂料的房屋，是瓜尔迪无法被效仿的日落风格，其中充满了对时间流逝的感慨和衰败的慰藉。另一方面，我开始幻想，瓜尔迪对此影响不大，而这种幻想带领我穿过了风景、味道和感觉的记忆，并穿过了想象的情景和我本应该说过但却没有说出的事物。想法的第一种集合指的是我在油画中看到的事物，即构成我印象的意向性对象的一部分并在本质上属于它的事物。第二种集合关系到对画面的联想，即不是我在画面上看到的事物，而是我凭借它想象出的事物。

此处的差别与对葡萄酒的理解有着特别的关联。人们通常说，视觉和听觉会有双重意向——因此我能够在X中看到或听到X本身没能包含或成为的事物，但味觉和嗅觉只通过想法的关联而起作用。因此，当马塞尔在《追忆似水年华》中发现，玛德琳蛋糕的味道让人回想起一生的记忆和想象时，这些只是对味道的联想，而非其代表的意向。人们无法像我在画中看到房子或在歌声中听到忧伤一样，在玛德琳蛋糕中品尝出过去的味道。

事实是否确实如此？葡萄酒是否只以普鲁斯特的玛德琳蛋糕的方式在想象上起作用？这些都是我在下一章中将要回过头来谈论的问题。但是我们已经看到，此处存在两种截然不同的现象。想象可能带领我们沿着梦想和联想的道路前行，转变我们的想法，以回应某些观察；或者它可能集中于被展现出来的对象，转变我们的观察，以回应我们的想法。葡萄酒位于我们想象力的这两种作用之间的哪个位置，所有葡萄酒迷如果想要理解他们亲爱的伙伴，这是他们都必须思考的深刻问题之一。葡萄酒像白日梦，还是像艺术？它是向内指向我们的主观印象和记忆，还是向外指向世界，就像丁托列托[1]、华兹华斯[2]或莫扎特那样，通过重新塑造我们观察的对象而带来新的秩序？

古代哲学、基督教和西方艺术都将葡萄酒看作神与人之间、理性灵魂与动物之间、动物与植物界之间的沟通渠道。通过葡萄酒，土壤蒸馏出的精华似乎流入了经脉之中，让身体注意到自己的生命。葡萄酒在浸没身体之后又涌入灵魂之中。你的思维急速运转，你的情感挣脱开来，促使你打造出成功的事业、完成不朽的艺术作品、接管世界或是新的厨房。希腊诗人巴库利德斯告诉我们说："不可抗拒的喜悦从葡萄酒碗中涌出，温暖了心灵。爱得到回应之希望在心灵中飞闪，满载着狄俄尼索斯的礼物，让思想飞至高峰。它立即推翻城市的城垛，使每个人都将自己看作伟大的君主，其宫殿因黄金和象牙而闪光，装满玉米的大商船横跨阳光照耀的大海从埃及给他带来数不尽的财富……"而第二天早晨所有一切都将被遗忘。因此，葡萄酒象征着那些彻底的改变，那些从一个存在平面到另一个存在

[1] 译注：意大利文艺复兴晚期的伟大画家。

[2] 译注：英国诗人。

平面的飞升和暴跌是理性生物的生活特征。或许葡萄酒这种影响我们的方式既不是白日梦的方式，也不是艺术的方式，而是完全自成一格的某种事物。

没有哪位艺术家比瓦格纳更清晰地看到了这一点。伊索尔德呈给特里斯坦[1]他们两人都认为是死亡饮品的东西，又从特里斯坦手中抢过杯子，并确定那是她应喝的那一份。之后他们投入彼此的怀抱之中。托马斯·曼写道，即便是一杯水在此处也能奏效，因为没有理由去造作。但是问题不在这里。布兰甘妮用来替换“毒药”的迷魂药象征着这种“毒药”已是被允许之物。它是一种由内至外，从身体里起效的力量。这就是如果性爱要成为真实的，就必须体验身体对灵魂的征服，那个魔法世界、简单的世界、植物之神秘以及无意识生活的世界对于身体本身的征服，而爱情以自我更新的行为将我们与那个世界相连接。

同样地，当有人给齐格弗里德端来遗忘之饮(《众神的黄昏》[2]第一幕)，当它滑落入他的身体从而进入他的灵魂时，你再次听到那种植物入侵的声音，它消除了记忆，删除了布伦希尔德的形象，将一度尊贵的齐格弗里德降为庸俗的野心家，以至于他背叛了自己的爱情，并最终走向死亡。

对葡萄酒的体验展示了如何理解构成西方艺术永恒主题的伟大

---

[1] 译注：均为瓦格纳的歌剧《特里斯坦与伊索尔德》中的人物。

[2] 译注：瓦格纳的歌剧。

的存在转换。有几部作品是在鸦片中诞生的：《忽必烈汗》[1]、《拉美摩尔的新娘》[2]、德·昆西的《自白》[3]；还有几部作品是在大麻的刺激下创作出来的。但是更多作品的诞生、题材和象征都要归功于酒精。因为葡萄酒提醒灵魂去注意其身体起源，并提醒身体注意其精神意义。它让我们的化身看起来既明了又正确。这也是一种想象力的联系，或许它是与我所谈论的跟瓜尔迪相关的两种形式截然不同的另一种形式。

这些想法使得我们从“故”继续去研讨“我”。这个字中包含着一些最不易解答的哲学问题：意识的问题、主观观点的问题、主体和客体间关系的问题、自由意志和道德责任的问题，而这些问题中的每一个都能随着我们的探索，而将我们带回到“故”中所包含的概念上来，即理性存在的概念。现代哲学始于笛卡尔[4]，开始于他对“我”的深入研究，这一研究恰恰由于其深度而完全徒劳无功。笛卡尔认为，“我”表示不为公众所了解的一种“物质”。其实“我”并非如此，通过窥探内心不会有任何发现，而对第一人称不间断地集中精力研究已经导致思想史中出现了最大的行话连篇的垃圾堆。这种集中是由笛卡尔发起的，在我们的时代随着埃德蒙德·胡塞尔的

---

[1] 译注：浪漫主义诗人柯勒律治的梦幻诗。

[2] 译注：英国小说家、诗人沃尔特·司各特的作品。

[3] 译注：全称为 *Confessions of an English Opium Eater*（《一个英国鸦片服用者的自白》）。

[4] 译注：法国著名科学家、哲学家和数学家。

现象学方法而达到其顶峰。关于“自我”还没有深刻的真理，但是浅薄的真理也是非常重要且难以陈述的。托马斯·内格尔有一种很好的办法来表明此观点。他建议，依照真实的物理理论（无论它是什么样子的），想象对世界的完整描述。这一描述确认了构成现实的所有粒子、力和场的布置，并给出了现实代表的所有事物的时空坐标。没有事物被忽视，但是还存在着一个描述中没有提及的事实，那个事实对我而言比其他任何事实都要重要，即描述中提到的事物哪个是“我”？“我”处于物体世界的何处？“这个物体是我”的陈述确切地暗示着什么？[1]

此处我们在令人眩晕的边缘战栗，而重要的是不要掉下去，要待在那里摇晃着。依照我的经验，葡萄酒给予我们的伟大的礼物之一便是，它使你能够将“自我”的问题拿到面前思考，而不会掉落进笛卡尔式的深渊。“自我”不是一种事物，而是一种视角，但是正如内格尔提醒我们的，视角不是在世界之中，而是在世界之上，在之上而非在内部探索是一个困难的平衡行为，只有在被那微笑的液面诱导出的那种冥想的姿态中才能成功完成。而当那个它被滋养时，那个我一直对微笑的液面鞠躬致敬。

我的意思或许能够经由意识的问题得到最好的解释。意识比我们世界的其他任何特质都要为我们所熟悉，因为它是任何事物变得为人所熟知的途径。但是正是这一点让意识变得非常难以被精确地

---

[1] 参见1986年于牛津出版的托马斯·内格尔的《无源之见》。

找到。无论你向哪里去寻找它，你只会遇到它的客体——一张面庞、一个梦想、一段记忆、一种颜色、一种痛苦、一段旋律、一个问题、一杯葡萄酒，但是在任何地方都不会有在它们之上闪光的意识。试图抓住意识就好像试图观察你自己，仿佛你要去用你自己的眼睛去看你自己的眼睛，而不能利用一面镜子。因此，不用奇怪，关于意识的思考引起了独特的形而上学的焦虑感，我们试图用灵魂、心灵、自我、意识的主体、内部实体的意象来缓和这种焦虑，而内部实体会思考、看到并感受，是内部真正的我。但是这些传统的“解决方案”只不过是在复制问题。只通过将人类的意识重新描述为某种内在之人的意识，我们无法阐明人类的意识，无论那个内在的人型生物是灵魂、心灵，或是自我。恰好相反，通过将那个内部的人放在某个私有的、难接近的且可能是无形的领域之中，我们仅仅增加了神秘感。

以这种方式说明问题确实表明了，至少是起初表明了，意识的问题是一个哲学的，而非科学的问题。它无法通过研究经验数据而得到解决，因为意识（在常规的理解中）不是经验数据中的一员。我们能够观察到大脑运转的过程、神经元、神经节、突触以及大脑所有其他错综复杂的物质，但是我们无法观察到意识，即便观察本身就是意识的一种形式。我能观察到你在观察，但是我观察到的不是你从内部了解到并在某种意义上只对你而言存在的那一特殊事物。至少看起来是如此，如果这是某种错误的话，那也是哲学的推论而不是科学的推论，告诉我们这是错误。

因此，意识问题的一个来源就是第一人称观点和第三人称观点之间明显的不对称。当你判断我处于痛苦之中时，那是基于我的情况和行为表现，而你的判断可能是错误的。当我说自己在痛苦中时，我不会利用任何这样的证据。我不会通过观察自我发觉我处于痛苦之中，我也不会是错误的。它不是因为存在另一些关于我的痛苦的事实，这类事实只有我可以得到，我依照这样的事实来确定我的感受。因为如果存在这样内在的私人特质，我就可能误解它。由于我可能误会它，我将不得不找出我是否处于痛苦之中。我也不得不创造一个程序来确定我的内在状态，却无须参照公开可见的情况，而维特根斯坦[1]合理地论证说明这是不可能的。[2]要得出的结论是，我将痛苦归咎于我自己，不是依据某种内在特征，而是毫无根据的。

当然，知道痛苦是什么和知道痛苦是什么样子的，这两者之间存在差异。但是知道它是什么样子的并不是就知道关于它的某种额外的内在事实，而只是能感受到它。我们在应对熟悉感，而非信息。“它是什么样子的”不代表描述，而是对描述的拒绝。如果我们要说清楚的话，我们也只能在暗喻中说清楚。问：“亲爱的，当我碰你那里时是什么感觉？”答：“像是尝到柠檬果酱的味道，并且晚年的斯特拉文斯基[3]使味道更协调了。”而闯入自知之明核心之中的暗喻让

---

[1] 译注：英籍奥地利哲学家。

[2] 这不是解释维特根斯坦的“私人语言论证”的地方。解释详情参见1993年于伦敦出版的罗杰·斯克拉顿的《现代哲学》的第4章。

[3] 译注：美籍俄罗斯作曲家。

我们想起我们描述葡萄酒的味道和意义的尝试。恰恰是因为我们现在在描述事物时非常浅薄，所以我们需要这些更深刻的描述。可是描述如果尽职有效的话，那就是暗喻，它让我们回到此时此地，在开始之前，得以领略其他的前景。有些哲学家试图用既深刻又平淡直白的术语来描述“它是什么样子的”，意图给出第一人称情况的内部结构。埃德蒙德·胡塞尔就是一个例子，他是“现象学”的先驱。而如果你想要知道哲学不应该怎样被操作，那就读读这位哲学家的《内在时间意识的现象学》，或是至少打开这本书，在书旁放上一瓶更好的东西。

同样地，如果我们集中精力于“感受”事物的想法上，我们就不会在理解意识方面有非常大的进展，因为存在着与感觉毫无关联的有意识的心理状态。我们当然能感受到我们的感觉和情感，就像我们能感受到自己的欲望一样。所有这些心理状态本该一度被归类为强烈的情感，与思维、判断、意图、推论这样的心理行为相对应，后者不是被感知的，而是被制造出来的。我可以故意想起玛丽，判断一幅画，做一个决定或进行计算，甚至是想象一个半人马，但不能在心理上创造出手指上的疼痛、对蜘蛛的恐惧，或对更多蛋糕的渴望。即便我可能因为想要得到而感到痛苦，或是可能通过一种意志的行为来克制我的欲望，但这不意味着痛苦和欲望是行为，而仅仅意味着它们是强烈的情感，我能够通过心理自制力，以通灵人移动一个衣柜的方式来影响这些强烈的情感。此外，还有心理学家和哲学家似乎对存在“无意识的感受”的观点非常满意。我们可能无法表达清楚，但我们知道他们的意思。只有当我们将“感受”诠释为“意识”时，感受才是意识的标志。但是察觉到某事物又是怎么回事呢？好吧，还是说成“意识到它”吧。

我们如何抗击，使自己远离这种循环定义和误导性描绘的混乱局面呢？在我看来有两个观点在对我们分解意识观念方面格外有帮助。第一个就是随附性观点。心理状态，特别是意识状态，通常出现自有机体的其他状态。一个有助理解的类比就是画面中的脸。当一位画家将颜料涂到画布上时，他利用单纯的物理手段创造了一个物体。这个物体由颜料的色块和线条构成，被安排在一个我们能够看到的二维的平面上（这样说是为了进行论证）。当我们看画的表面时，我们看到那些颜料的色块和线条，也看到了包含它们的平面。但是那不是我们所看到的一切。我们也看到了一张脸孔，用笑眯眯的眼睛向外看向我们。一方面，在某种意义上，这张脸是画布的一个特性，在颜料斑点的之上、之外，因为你可以只观察到斑点，却看不到脸孔，反之亦然。而脸孔确实在那里，没有看到它的人并没有正确地去看。另一方面，从某种意义上来说，脸孔不是画布除线条和斑点之外的额外特性。因为线条和斑点一在那里，脸孔就在那里了。不需要额外添加东西来制造脸孔，而如果不需要添加额外的东西，那脸孔无疑就不是额外的东西。此外，这些颜料斑点产生的过程，刚好被这样安排，就会刚好创作出这张脸孔，即便艺术家本人没有意识到这张脸。（想象一下，一台被设计好的机器如何制造出若干个蒙娜丽莎。）

表达这一观点的一个方式，是说脸孔是斑点的伴随产物，我们在斑点中看到了脸孔。在这个意义上，或许意识是一种伴随特性：不是超越生命和行为的某种事物，也不是它们的简化。我想朝这个方向进一步前行，将意识描述为一种应变特性：一种除了生命过程所拥有的力量之外，还带有因果力的特性，而在某种意义上，意识正是在生命过程中形成的。

第二个有帮助的观点最初是由康德给予重视的，之后又受到了费希特、黑格尔、叔本华、海德格尔、萨特和托马斯·内格尔一整批思想家的重视。那就是对意识的主体和客体加以区分，并识别出主体独特的形而上学状态。作为意识的主体，我对世界有一个观点。世界在我看来是一个特定的方式，而这个“看来”定义了我独特的观点。每个有意识的存在都拥有这样的观点，因为那就是成为主体的意义，而非仅仅只是一个客体。然而，当我对世界进行科学的描述时，我只是在描述客体。我在描述事物存在的方式，并解释它们的因果法则。这种描述不是由特定的观点给出的。它不包含像“这里”、“现在”和“我”这样的字眼。它旨在解释事物看似存在的方式，但它是通过给出它们是如何存在的理论来做到这一点的。简而言之，主体原则上是科学无法发现的，不是因为它存在于另一个领域之中，而是因为它不是经验世界的一部分。它位于事物的边缘，像地平线一样，无法“从另一面”，即主观本身的那面被抓住。它是真实世界真实的一部分吗？这个问题开始时看似措辞有误。我参照的是我自己，但这并不意味着存在着一个“自我”让我去参照。我为了我的朋友而行动，但我采取行动的缘由是不存在的。

伊索尔德给特里斯坦的那种致命的饮品——赎罪的饮品——让我们想起葡萄酒一种显著的特性，至少是我们能够品尝到的葡萄酒的显著特性。在意识提高的那一时刻，葡萄酒使得我们视已经排除在头脑之外的选择和关心为焦点，我们将其排除在头脑之外是为了有风度地将它们冲刷走。此时我们也意识到我们作为化身存在的困境，我们有意识的生活是从不可把握的存在的力量之中喷薄而出的。在这一时刻，我们可以选择去想起安娜，去回忆一首诗，去冥想上帝和救赎，去审查家庭财务。但是我们不能选择存在或不存在于那个拔高的心理状态之中。随着葡萄酒的流入，心理状态在我们内心升华。葡萄酒让我们直面我们自由的神秘：它增强了我们说“我”的力量，以及用那个字自由徜徉在思想的世界里的力量，做出决定、在现在和未来都承诺致力于行动的力量。然而，它是通过因果关系在我们身上起作用的，我们自身已陷入了这一关系之中。

康德享受葡萄酒，并为每一位出席他定期晚宴的客人提供一品脱瓶的葡萄酒。他对这一矛盾的描述比其他任何哲学家都要优美。他认为，对“我”这个字的运用将理性存在客体与自然世界中其他所有的客体区分开来，也将他的困境定义为一种既受约束又自由的生物。笛卡尔为自我至高无上的现实进行了争辩，他将自我至高无上的现实看作一种单一的事物，其性质是通过“我”内省的想法而绝对无误地透漏给“我”。康德争论说，这一观点有着深刻的缺陷。因为它试图将作为主体的自我变成它本身意识的客体。“我”了解作为主体的自我，而非作为客体的自我。“我”站在事物的边缘，尽管“我”能够说自己此时在此地是这样的，但这些词没有包含关于“我”在客体世界中是什么的信息。

有两件事使我了解我自己，而且对此我不会失误，因为任何反对它们的论证都要预先假定它们是真实的。第一件事就是我是意识统一的中心。我不用观察就知道这一想法、这种感觉、这种欲望和这一意愿属于一个事物，而且我知道这个事物随着时间的流逝而持续，并容易改变。我直接意识到康德所说的“统觉的先验统一”，而这将“我”定义为自身所有的心理状态单一的统一所有者。

第二件我确定无疑地知道的事是，我是自由的。这种自由被包含在说“我”的特定能力之中，这是产生所有其他决定的必要条件：我将爬那座山、亲吻那个女人、捣毁那座堡垒。说这样的话时我改变了我对于世界的整个立场，将我自己置于准备就绪的条件之中，并通过我自己的自由选择做到这一点。每一次说话、每一个思路都通过这些自由的姿态而继续。而康德在这一论述之上添加了另一种考虑，对他来说是有力得多的考虑，即理性告诉我不仅要做特定的事情，还告诉我应该去做它们。我应该帮助那个陷入悲痛之中的人，而如果我不这么做，那我责怪的还是我自己。我专注于作为道德谴责的全部力量的那个中心，正是它导致了决定的出现。我们考虑自我的整个方式都基于“道德律”，而由于“应该”暗示着“能够”，所以我们能够使用实践理性，唯一的前提就是我们是自由的。

但这导致了一个奇怪的问题：必须是什么样的世界才能包含像

“我”这样拥有自由和自知之明的事物呢？康德认为，它必须是一个包含持久客体的世界，这些客体在时间的流逝中拥有身份。而“我”就是这样的客体：此时在此地决定这件事，并会在那时在那里做那件事的事物。一个持久事物的世界是受因果法则约束的世界，因此康德着手在《纯粹理性批判》名为“范畴的先验演绎”这一非常困难的部分中加以证实。没有了因果关系的网络，没有事物能够“让自己维持”足够长的时间来了解或被人了解。因此“我”的世界，即自由存在的世界，是受因果法则安排的世界。而康德认为，因果法则必须是普遍的和必要的。它们指的是在事物的性质中存在的关联，这种关联不能因这样或那样的情形，并只为了人们的方便而中断。

康德用这种方式来搭建他的论述，步骤过多，过于复杂和有争议，我们在此不必赘述。他据此得出了以下结论：任何能够说“我”的事物意味着它是自由的存在；任何能够说“我”的事物意味着它是位于一个具有普遍约束力的因果法则的世界之中的存在。“我”被自由的法则所统治，它强迫了“我”的行为；“我”还被自然法则统治，它将“我”束缚在有机生命的网络之中。“我”是自由的主体和被决定的客体，但“我”不是两个事物，而是拥有一个固定的身体以及里面转动着自由的灵魂的事物。“我”可以用两种方式来看待。我知道这是真实的，但它超越了理解的范畴。我无法知道它如何实现，我只知道它可能就是这样的。

然而，无法通过智力捕捉到的事物能够存在于感官形式之中。

这就是艺术向我们传授的，而艺术在几个世纪以来为我们提供了概念的感官符号，这些符号超越了理解的范畴——像是贝多芬晚期的四重奏这样的符号，展现了一种在孤独中由上帝填满心灵的想法，而上帝无法通过其他的方式为人所知；或是像梵高的风景画一样的符号，展示了因自身的自知之明而猛然开放的世界。如果不利用矛盾的语言，就没有办法解释这样的作品，因为它们的含义不能恰当地用文字和论述详加说明，而必须在直觉中被领悟。

葡萄酒在展示智力无法完成的事物中也起到了作用。抿到的第一口美酒，随着它流入我们的体内，搅动了我的化身根深蒂固的感觉。我知道我是人，是身体进化过程的副产品，而身体进行过程由停留于我体内的饮品带入了高水平的生活。这种饮品散发出自我意识：它被呈献给灵魂而非身体，并提出了只能以第一人称，只能用自由的语言阐述的问题："我是什么？我怎么样？我现在去那里？"它要求我评估我的处境，完成当日之事，并做出那些在等待这一冷静的时刻出现的决定。换句话说，它在一段单一的体验中，展现了饮酒之人的双重性。或许没有用来描述这一经历的言辞，而不管怎样话语永远是不够的。通过葡萄酒我们得知，我们是一种事物，这种事物也包括两面：主体和客体，灵魂和身体，自由和约束。而这是我们通过消耗几乎任何其他物品都无法得知的。

包含在葡萄酒之中的这种知识被基督教圣餐生动地加以了利用。基督将杯子递给自己的门徒，声称："这是我的新约之血，为你们以及对罪孽的宽恕而流出。"此处所说的血并非该说法所指的物质，而是某种与基督的“我”有着密切关联的事物。刚刚在圣坛上所吃的面包——基督的身体——因葡萄酒而变得有意识。面包和葡萄酒相对而立，就像身体对应灵魂，客体对应主体，世界中的事物对应其处于边缘的倒影。

我不希望去暗示，只有基督徒能够理解葡萄酒的神秘，同样不想暗示只有基督徒能够理解圣餐。不同的人和不同的群体以不同的方式自我更新。但是圣餐提醒我们注意，这种更新是一种内部的事物——重新占有自由。而随着自由而来的是大爱，那是去给予的奇特的转化能力，如康德所说，是“我们被命令给予的爱”。那天在饱受战争摧残的贝鲁特我突然理解了其含义。依照基督教的观点，圣餐被描述为“这些礼物”，它们代表了基督在十字架上奉献自身的最初的礼物。而通过葡萄酒传达这种观点，基督教圣餐为我们提供了无法用言语表达的想法的感官形象。然而，在考虑这一奥秘之前，我们必须检验我们标题中的第三个字：“在”[1]。

在困扰人类思维的所有小词当中，动词“是”一直是最强有力的。它在那些将我们引向形而上学深渊的深刻问题中占有重要地位：“为什么有事物存在？”“存在是一种特性吗？”“我们怎样才能想到并不存在的事物呢？”“而非存在又怎么能有属性呢？”有些哲学家写下了“存在的问题”，尽管问题和可能的答案都像哲学里的任何内容一样存在争议。亚里士多德和阿奎那在进展艰难时不断地提及存在

[1] 译注：此处原文为“am”，译为“是”。

的观点，就像我在软弱时，当存在变得艰难时提及进展的观点一样。然而，尽管我们都承认，存在着进展的观点，但不是每个人都相信有存在的观点，或是对于存在而言有着比真理的概念更多的内涵。但那是什么概念呢？而如果你不提及存在的话，你怎么能解释什么是真理呢？论述绕着圈地进行，过了一会儿便创造出一种难以抗拒的冲动来逃避它。除了事物自身之外，有或没有“存在”又有什么关系呢？而为什么我们应该认为有形而上学这样一门学问，即亚里士多德所描述的作为“存在”的存在的学问？为什么不是“作为”成为“作为”呢？

而如果亚里士多德知道像海德格尔这样的思想家会对结果做些什么，围绕着“存在的问题”编织成灾难性的谬论的蜘蛛网，将“存在”拆解为1000个像是为他人而存在、向着死亡而存在、超前于自我的存在的碎片，用浮夸的伪思想来吹捧系动词，并且忘记了还有在其中的“是”预言着否定的语言，那他还会用那种方式来定义形而上学这门学科吗？思考一下下面这段话，表面上是对阿奎那评论的一部分：

> 关于人类存在的必要性的命题，本身包含了自己的本体论观点，其内容是：人类作为关于存在的问题而存在。为了作他自己，他必然问到处于整体之中的存在。这个问题是他本身“必须”是，且作为被质疑的存在呈现并提供自身，而与此同时还存在为必然保持为不确定的并自己退

出的事物。在存在的问题中，人存在为被质疑的事物，因此他需要去质问，这个存在揭示了自身，与此同时还在它自己的可疑之中自我隐藏。

于是我们走到了这里：关于存在的问题就像恼人的梅布尔阿姨。不要担心存在的问题在上一段文字中最终成为问题的存在——当存在再次在它自身的可疑之中自我隐藏时，它最终就会表现为美好的。那段文字的作者是神学家卡尔·拉纳，他能够坚持写 500 页那样的文字，而比他还要让人费解的作家就是那些（而且相当多）着手解释拉纳所说的话的人。我的建议是，不要走到那一步：生活过于短暂，我们需要在喝完这瓶酒之前结束这一章。

只要我们紧紧把握好语法，并反抗维特根斯坦描述为“利用语言的手段呈现智力的魔力”的事物，我们就会发现，毕竟“存在”不是一个不好的观点。正如大卫·维金斯[1]所展示的，有身份的“是”为小词中含义很丰富的一位，而哲学正是从这些小词开始的。[2]而且“存在”的观点在一些最为显著的论据中占有重要地位，这些论据是为了上帝的存在而给出的。这些论据中的一部分继续用其深奥的特质吸引着有神论者和无神论者，有神论者根据外表来判断这种深奥，而无神论者则将其看作谬论的外在标志。

---

[1] 译注：著名哲学家。

[2] 参见 2001 年于剑桥出版的大卫·维金斯的《同一性和实体新编》。

其中之一就是来自“偶然存在”的论据，主要归功于阿维森纳（亦称伊本·西纳）[1]，他是一位哲学家，活跃于我们纪元11世纪早期的伊斯法罕，他一直受到葡萄酒迷的敬重，因为他推荐我们在工作时饮酒。他在他的自传中告诉我们说：“晚上我回到家，忙着读书和写作。每当我感到昏昏欲睡或虚弱时，我就会转而去喝一杯葡萄酒，来恢复我的力量，之后我会回到阅读上来。”他在《指示》中写道：“‘葡萄酒让人陶醉’这句话没有明确的真理价值。我们应该考虑是有可能还是实际上，是一点点还是大量的。”但是他应该获得更多的称赞，因为他发现的“偶然存在”的论据，绕开了所有由理查德·道金斯[2]、克里斯托弗·希金斯[3]和类似之人闲扯的谬论，直抵任何名副其实的神学的核心概念，也就是偶然的核心概念。阿维森纳论辩道，“存在”处于三种困境中：不可能的存在（那些定义牵扯矛盾的存在）、偶然的存在（那些可能并不存在的存在）和必然的存在。[4]偶然的存在（mumkin bi－dhatihi）有着存在和不存在的

---

[1] 译注：阿拉伯哲学家。

[2] 译注：英国著名演化生物学家、动物行为学家和科普作家，当今仍在世的最著名的无神论者。

[3] 译注：美国著名无神论者。

[4] 阿维森纳在《救助书》中的论述充满了微妙之处，我为了读者考虑而没有提及。感兴趣的人可以在1972年第4期的《哲学论坛》第74~86页G.胡拉尼的《伊本·西纳关于必然的和可能的存在》一文的相关段落中找到译文。这一论述在1987年牛津出版的赫伯特·A.戴维森的《中世纪伊斯兰教和犹太哲学中神的永生、创世和存在之证据》一书的第281~406页中，连同它所发起的讨论的传统，被加以阐明。

潜在可能性，并无矛盾。你和我在这个意义上都是偶然的存在，而即便我被获准拥有对自身存在的特定直觉，那种确定也只不过是一种私人所有，不能保证我的生存，也不能驳斥有着可能而我却不在其中的世界。

一个必然的存在是“本身真实的”存在，即它的存在产生于它的本质；然而偶然的存在是“本身虚假的”，其真实性源自其他事物，换句话说，视导致或维持它的事物而定。必然的存在除了存在本身之外并没有本质（mahiyya 或 whatness）。因此它无法与它假定的种类中的其他内容区分开来，它们都等同于它。因此必然的存在是独一的（wahid），而这一观点后来由斯宾诺莎[1]继承，并被用于争辩除了一个必然的存在之外没有其他事物存在，但是阿维森纳将其与所有伊斯兰教思维中的核心概念联系在一起，即认一论（tawhid），其含义是在心中、思想上和灵魂上承认神基本的和超然的独一性。这种独一性也是一种统一，必然的存在没有组成部分或内部结构，即便它被证明拥有传统上赋予给神的属性。

阿维森纳认为，由于所有偶然的存在都要视导致其存在的某种其他事物而定，所以肯定有一个它们全部依赖于的必然的存在。阿维森纳以一种方式为这一观点进行了辩护，而延续这一论述的迈蒙尼德[2]以另一种方式进行了辩护。迈蒙尼德争辩说，假设没有必然

[1] 译注：荷兰哲学家。

[2] 译注：出生于西班牙的犹太哲学家。

的存在，所有的存在可能都不是必然的存在。由于时间是无限的（此处的假设是，没有谁能为它设限），而所有偶然都发生在无限的时间里，那对于任何偶然的存在来说确实会有某个时刻它是不存在的，因此会有某个时刻所有偶然的存在都是不存在的——一个绝对虚无的时刻。但是宇宙的这个零点一定是已经存在过了，因为过去的时间像未来的时间一样是无限的。由于没有事物能够从虚无中产生，那从那一点起就永远是虚无的。但是有事物存在——也就是沉思存在的问题的这个事物。因此假设一定是错误的，这意味着终究有必然的存在，其他所有事物都依赖于它。改变一下阿维森纳的话，就是说，这个事物就是自因（causa sui，原文为 wajib al-wujud bi-dhatihi），它依赖于自身，是万物的维持者。而它是一个事物，一个整体，用《古兰经》的话来说，“没有合作伙伴”为它所承认。

包含在这一论述以及所有在中世纪学派中因其而产生的巧妙的（偶尔也会单调乏味的）形而上学之中的众多洞见之一暗示，我们所属于的偶然存在的世界被其自身的法则所统治，即繁衍后代和离世的法则。我们通过科学调查发觉了这些法则，而它们是将我们所有人束缚在一起的自然的法则。它们包括那些遗传学法则，在道金斯（Dawkins）看来，遗传学法则最终驳斥了对上帝的信仰。但是，依据阿维森纳的观点，除了科学探究的依赖关系之外，还存在另一种依赖关系，即偶然对应必然的关系，世界对应其“维持者”（《古兰经》中的说法是 rabb）的关系，而且这种关系不需要实证调查，也不会因科学的进步被了解或驳斥。

而这一点让我们径直回到了此篇标题中的另外两个字眼，即“故”和“我”，正如它在阿维森纳的一次午夜冥想中将他带入的境地。将世界同上帝结合起来的依赖关系解释了事物成为它们现有样子的原因。但是这个原因并非理由：理由是科学的主题，由我们通过试验和观察而发现的宇宙法则解释。因果关系是一种时间关系，将暂时的（也就是偶然的）实体约束在一起。在提及事物的最终原因时，我们此处应对的是“为什么”这一问题的另一种答案，以及“因此”的另一个含义。而这给予了祈祷的生活以意义。我们并不认为上帝能够在每一次被召唤时都来援助我们，或是他在自然之翼上等待分发纸牌。如果我们认真对待阿维森纳论述之后的观点，那在迷信思想的观点之外，我们还能朝着上帝的另一个观点而前进。上帝的自由在束缚我们的法则中得以揭示，上帝自己也受到这些法则的约束，因为如果上帝藐视法则，而我们正是通过法则了解他的，那将会是上帝自由的一种损失，而非收获。但是这并不意味着上帝是我们无法触及的。他在我们之中，在我们周围，而我们的祈祷造就了我们和他的私人关系。就像我们同那些我们所爱的人说话一样，我们和上帝说话时不提及需要解释的“为什么”，而是说到有原因的“为什么”。我们想要知道结果，而非理由，我们还想在接受的行为准则中磨炼自己。

为什么我们应该做到这一点，又如何去做呢？我们这么做是因为我们像上帝一样，存在于事物的边缘，一只脚，确切地说是一个前景处于超验之中。我们像上帝一样在世界中，但并非属于世界。尽管阿维森纳没有按照我陈述这一点的方式来进行论述，但他接受了葡萄酒的教育去探寻内心生活。他写道，想象你自己悬浮在空中，没有了所有的知觉和与身体的所有联系。显然这种思想实验是有可能实现的，而且事实上对于真正的葡萄酒迷来说它每天都会发生。然而，在你将自己想象成“漂浮之人”的时候，你没有想着离开那个存在的核心，即自我（nafs），这个“我”就是实验所依靠的主体性。我不赞同阿维森纳后来得出的结论，这一结论之后也由笛卡尔得出过，即“我”是世界中的一种物质，一个主要的存在。实际上我得出的结论，我一直认为是康德得出的，也就是说主体完全不在世界之中，而总是处于其边缘，与其他人有关，这些人都可以称呼为“我”，其中之一也是最伟大的一位就是上帝。

正如康德极好地展示出的，熟悉自我之人将自己称为“我”，不可避免地陷入自由的圈套之中。他克服了吹遍自然世界的偶然之风的影响，被理性的必然法则高高举起。“我”明确了所有实践理性的起点，以及包含将人与自然的其他部分区分开来的自由的暗示。在某种意义上动物也是自由的，它们既自由又受到约束地做出选择、完成事情。但是动物不会对自己所做的事负责。它们不被要求去证明自己的行为，它们也不会因与他人的对话而被劝说或劝阻。像正义、共享和爱这类的所有目标，使得人类变成了一种拥有内在价值的事物，而这些目标存在于人们的相互责任之中，这些人相互之间回应以“我”和“我”。因此，不足为奇的是，当人们能够将世界看作另一个“我”，即上帝之“我”的外在形式时，他们满足于自己了解的世界并知晓的意义，而我们都要经受这个“我”的评判，爱和自由都因其而产生。

这个想法可以用诗完全表达出来，正如天主教的《求造物主圣神降临》、奎师那在《博伽梵歌》中狂喜的言语、身为《希伯来圣经》之荣耀的伟大诗篇中所表达的。但是对于大多数人来说，它就在那里，是处于他们生活中心的意义集合起的信息，当他们找不到方式用公共的形式表达它时，它就格外重要。人们继续寻找他们能立足的地方，仿佛站在经验世界的窗边，向外凝视着超验，从这样的地方吹来的来自另一个天体的微风正拂过他们。

如果我们想要遵循这种思维方式，我们就应该认真对待“我”这个字的地位。由于这种思维方式也是一种饮酒的方式，因此它也就是我在本书的余下篇章中打算要做的事情。这是一种“索引”，是一个像“这个”、“这里”和“现在”一样具有指示性的词语。而如果我们说它指向某种事物，我们就应该小心地坚持，这种事物也是虚无的，处于边缘的地方，在客体世界中没有本体。实际上，这包含在了那个表示灵魂的阿拉伯词汇之中，即“nafs”，它只是个反身代词。如果有关于“存在”的问题，在我看来它涉及的也是虚无的某种事物，是当我们转而自己掌握它时就会消失的观点。

不仅仅是阿拉伯语将灵魂与这个反身代词联系起来。在梵文中，这个代词是atman，而印度教圣人遗留给人类的伟大的《奥义书》包含的或许是最为深刻的尝试，即尝试进入存在的内部，如同它在自身之中以及它为了自身而存在的那样去了解它，即将其视为灵魂。《奥义书》认为，观察偶然的存在时，我们只会面对来来往往的外观，而不会面对维持它们的存在。无论我们看向哪里，无论是向外看向客体，还是向内看向我们自己的思想和欲望，我们都只会遇到属性、暂时状态和摇摆不定的感觉，即玛雅（Maya）的面纱，而不会遇到它向我们隐藏的存在。因此，我们如何接近存在本身，以便于了解它所是的样子呢？这个用反身代词措辞而成的问题本身就是答案。我们需要进入自我，即存在的灵魂。做到这一点，我们就会发觉世界的普遍自我，而印度圣人称之为波罗门。通往这种发现的途径是一条克己之路，一条无私行动之路，在这条道路上我们摒弃成功、利益、欢愉和回报的羁绊，每件事情都是为了事情本身而做。这样我们就留下了我们自己的自我，即虚幻的自我，并获得另一个自我，即神圣的灵魂。

这样说来仿佛《奥义书》在重复笛卡尔和阿维森纳的谬论，使自我——灵魂，也是世界的真理——变成一种物体，剥夺了它的主观性，即它作为“我”的本质。然而，事实并非如此，而且这是印度教非常微妙的部分，我相信葡萄酒迷能比其他大多数凡人更好地欣赏它。假设我们打算从我们的意识中移除所有转瞬即逝的事物、所有偶然的事物、所有渴望得到的事物，那还会有什么留下来呢？不会有物体，不会有空间或时间，不会有因果关系和自然法则的网络。所有这些事物都属于玛雅的面纱，作为分散核心精神任务的元素而出现在我们面前。然而，移除了这些事物，我们就移除了一个事物能够与另一事物相区别的所有方式。我们移除了莱布尼茨[1]称为“个体化原则”的事物，因此我们在克己之路的末端面对的不是一个个体，也不是包含个体的事物。个体事物已经被抛在后面了。波罗门不是一个物体，甚至不是思想的客体，它只是一个主体，一个对它自己的永恒思考，也等同于它自己，这个在事物之外的观点也是对于事物本身的观点。这个波罗门是永恒的，因为时间已经被甩在了后面；它也是唯一的，因为数字已经被抛到了后面。而且它就是自我，因为那就是我们在朝向它的旅程中所保留的事物。抵达目的地后，我们摒弃了个体存在的糟粕，与唯一之物合为一体，让我们自己远离所有伤害。死神之王在《伽陀奥义书》中正是这样向探求者尼兹卡塔描述波罗门的：

> 当一个人没有了欲望且他的思想和感官得到净化时，他就领悟了自我的荣耀，也就没有了悲伤。尽管坐在那里，但他却在远游；尽管静止不动，但他却移动了所有事物。只有纯洁之人中最为纯洁的才能意识到这一光辉的存在，这个存在就是喜悦，同时又超越了喜悦。他没有形状，尽管占据了形状。在稍纵即逝之中，他永远坚持着。无孔不入的且至高无上的就是自我。

---

[1] 译注：德国数学家、哲学家。

《奥义书》补充道，从其本性中参透灵魂的智者摆脱了所有的悲痛。与世界的主体性的相遇让我们摆脱了作为悲痛之源的牵挂，并从至上宁静的形式中得到了救赎，所谓至上的宁静就是永远沉思自我的宁静。印度教徒不认为这种境界是很容易达到的，它实际上可能需要许多次轮回才能让一个人最终走上成为印度教圣人的道路，为了超脱还要抛下他的经验自我。但是我从吠陀经[1]中获得了鼓励，它告诉我们说酒神苏摩是适宜我们崇拜的对象；我还从印度教学者那里获得了鼓励，他们告诉我们说苏摩是波罗门的化身，而葡萄酒象征着我们在抵达存在之泉时感受到的神圣的极乐。而我会更进一步，说我们这些闲散且世俗之人成为圣徒的尝试在每天早晨开始，到了傍晚以失败告终，虽然如此，我们却能够通过在晚上喝一杯葡萄酒而获得对灵魂的些许理解，并因此找到一条通往事物本质的途径。想要走上那条路需要牺牲和克己，而你当然无法仅仅通过吞下一种药物而达成这一哲学的目标，无论人们在对酶斯卡灵[2]和迷幻药的那些早期热情中想到了什么。

然而，在那条路上，葡萄酒为人们点亮了一盏明灯，它所投射的光线深入到内心的黑暗之中，带着主体性的光亮照映出了事物让人迷惑的形式。葡萄酒如果被恰当地饮用，会使你所看到的世界得到改观，因为它照亮的恰恰是你周围的偶然存在中最为神秘的，也

[1] 译注：印度最古老的宗教文献和文学作品的总称。

[2] 译注：一种致幻剂。

就是“它们是什么”以及“它们或许不是什么”的事实。每件事物的偶然性外表都在闪闪发光，你暂时意识到了个体和统一是单一的心灵之火所采用的外在形式，而这团火也就是你自己。

叔本华写道，第一杯葡萄酒让人们品尝到了它真正的味道，正如与另一个人的面容的初次相遇揭示了他真正是什么样子的。而在西方哲学家中，正是叔本华非常重视《奥义书》，用康德的语言复述了以下论点：终极存在是唯一的和永恒的，而个体只不过是一种表象。然而，对于叔本华来说，终极存在是意志，而非自我，他的哲学观点承诺的并非和平，而是一种永恒的不安定。我时常自问，他为什么走上了这条令人不满意的道路？我现在想要把这归因于他对啤酒的喜爱。叔本华没有每晚在自己面前放稳酒杯的习惯，而我在酒杯之中直面它的倒影。葡萄酒之中包含一种知识，你自己将这一知识带给了它：在你近距离接触酒香时，你感受到，所有的一切都在它的存在中最终静止了，每件事物都像胚胎一样在自己的表象之中蜷曲着。而每晚喝过那第一口之后，你就回到了母体的羊膜中那般宁静的世界之中。

如何会这样呢？葡萄酒的哪方面使得它能够传递这样的信息呢？

葡萄酒的意义

从已经被极为滥用的葡萄酒的特色开始讨论这个主题是非常合宜的，这种特色就是它醉人的能力。究竟什么是醉态呢？这个词表示一种单一的现象吗？由葡萄酒引发的醉态和由比如说威士忌引发的醉态，或由大麻引发的醉态是相同的一般状况吗？而且“引发”对任何相似的状态都是合适的用词吗？为什么会有所有这些对葡萄酒的大惊小怪呢？葡萄酒有什么方面能将其从毒品的分类中完全去除吗？正如切斯特顿[1]在写“间发性酒狂患者和戒酒者不仅都错了，而且他们两类人都犯了同样的错误。他们将葡萄酒看作一种毒品，而不是一种饮品”时曾暗示的那样。如果对于大部分事情都有正确判断的切斯特顿对于葡萄酒的判断是错误的，那就很奇怪了。

有一种机敏的哲学举动，能够为这些问题制定一些秩序，也就是去讨论醉态是否是一种自然类型的，换句话说，是一种本质由科学而非哲学决定的状态。“什么是水？”这个问题不是哲学问

[1] 译注：英国作家。

题，因为水除了说是水这种事物，指出某个例子之外，哲学无法通过思考“水”这个字的感觉来告诉我们任何关于这个字所指事物的情况。现在我们可以指出一个醉态的例子，比如说一个醉汉，然后将醉态解释为这种状态，随即将其余部分留给科学去解决。科学会探寻这一例子的临时性异常，以及它们正常的或典型的理由。而无疑科学可以与一种普遍理论相联系，这种普遍理论会将醉酒的行为和精神异常与昏昏沉沉的大麻吸食者的行为和精神异常，以及飘飘欲仙的吸毒者的行为和精神异常联系在一起。这种理论是将醉态看作自然类型的普遍理论。它不会给哲学家留下任何谈资来谈论其主题。

然而，我们可以很快看出，我们关心的问题是无法轻易回避的。酗酒者就是喝醉了，因为他的神经系统已经被一种麻醉剂系统地干扰了（换言之，被一种恰好拥有这一效果的药剂干扰）。这种醉态导致他的视觉、智力和感觉运动传导通路上出现了可预见的影响。然而，当我的心与灵魂在抿上第一口 1945 年份的卓龙庄园葡萄酒时，体验自身就是醉人的，而且我将醉态品尝为葡萄酒的一种特质。我们可能将这一特质与一处风景或一行诗句的醉人特质相比较。从比较和描述的文法中，很显然可以看出，我们所指的不是像酗酒醉态那样的情况。饮用葡萄酒的体验和听一行诗句的体验都是自然的，首先来说，两者都是一种体验。科学理论探讨的第一步不应是将两者生硬地分开。记录两者的相似之处会发现，这种相似是表面的，可能不与任何潜在的神经生理相似之处相符。因此，当我们问到这种醉态是什么时，我们提出的是一个哲学问题，而非科学问题。因为对我的思维方式来说，那是哲学的中心任务，即给出一个综合理论，来说明事物如何在我们看来是理性存在的。（我还想补充，要在避免胡塞尔现象学的浓缩行话和徒劳的理论散播时这么做。）

此外，存在着一个关于我们通过葡萄酒所体验的醉态和醉酒状态之间的关系的真正问题。前者是一种有意识状态，而后者是一种无意识状态，或者说倾向于无意识。尽管一个最终会导致另一个，但两者之间的关系同初吻和最终离婚之间的关联一样并非是明晰的。正如情爱之吻既不是最终痛苦分手的驯服版本，也不是对它的预告；同样，葡萄酒醉人的味道既不会驯服醉酒，也不是对它的预告。它们不是“同样的事”，即便在科学理论的某种层面上它们被发觉有着同样的缘由。

把我们通过葡萄酒所体验到的醉态说成是由葡萄酒“诱发的”，也未必准确。因为这暗示着被品尝的物质和所感受到的醉态之间的分割，割裂的方式就是在睡意和导致睡意的安眠药之间存在的割裂方式。当我们提到诗歌醉人的诗句时，我们指的不是对阅读或记忆诗句之人体内某种堪比能量药片带来的影响力的力量。我们指的是诗句本身存在的特质。马拉美的“消除了声音空洞的小摆设”就在书页上，而不存在于我的神经系统里。葡萄酒和诗歌这两种醉人的事物非常像，我们是否能够利用一个来阐明另一个？能，也不能。

非理性的动物通过嗅觉查找信息，因此对气味感兴趣。它们还会根据味道来区分可食用的和不可食用的东西。但是它们并不享受它们所嗅到的东西的气味，也不享受其味道。因为享受是一种大脑的反射状态，在这种状态中，一种体验要接受挑剔的审视。只有理性的存在才能够享受味道和气味，因为只有他们才能够对体验本身感兴趣，而不是对体验所传达的信息感兴趣。因此，我们或许可以将享受同化为我们对颜色和图案的兴趣，对音乐的兴趣，以及对文学作品和视觉艺术的兴趣。就像审美趣味一样，享受与感官体验联系在一起，而且像审美体验一样，它暂时搁置我们正常的实际需求和搜集信息的兴趣。因此，为什么不说葡萄酒以诗歌、绘画或音乐吸引我们的方式，通过展现其本身具有意义的体验对象，来吸引我们呢？为什么不说醉人的特质在葡萄酒之中，就像醉人的特质存在于诗句之中一样呢？我们关于葡萄酒的问题接下来会简化为一般性问题的一个特例，该特例与审美特质的本质相关。[1]

感官和审美

哲学家一直倾向于将味觉的快感视为纯感官的，没有智力上的暗示，而智力暗示是审美趣味的标志。无论你的教育状况如何，你都能获得感官愉悦，而审美愉悦则依赖于知识、比较和文化。人们

[1] 这个一般性的问题已经由 F.N. 西布利在《审美与非审美》以及《审美概念》中为经过讨论后给出了定义。这两篇文章都在 2001 年由牛津出版的 J. 本森、B. 雷德芬和 J. 洛克斯比 · 考克斯版本的《美学方法：哲学美学论文集》中。我在 1974 年于伦敦出版的《艺术和想象》中详细批判了西布利的观点。

认为，味觉和嗅觉在智力之梯上处于靠下的位置，提供的愉悦比视觉和听觉所提供的愉悦更为简单。不同于视觉和听觉，味觉和嗅觉不会呈现出一个独立于自身的世界，因此除了自身以外，不会提供用于沉思的内容。这一观点是由柏拉图表明的，并由普罗提诺[1]进行强调。它对于阿奎那而言很重要，阿奎那将更具有认知性的视觉和听觉与不太具有认知性的味觉和嗅觉区分开来，认为只有前者才能提供对美的感知。黑格尔也在自己《美学讲演录》的序言中强调了味蕾的愉悦和审美体验的差异，认为后者是“对想法的感性体现”。[2]

弗兰克·西布利论证说，这一哲学传统以偏见为基础，对味道和气味的享受与对视觉和声音的享受一样，差不多都是一种审美体验。[3]所有这些通常被看作赋予审美体验特质的特征也与我们对味道和气味的体验有关。一种气味或味道能够“因其自身”而被享受到；它可以拥有审美特质，例如精致、美丽、和谐、细腻；它可以承担一种情感意义，或讲述一个故事，就像普鲁斯特的玛德琳蛋糕一样；它可以是感人的、激动人心的、令人沮丧的、醉人的，等

[1] 译注：罗马新柏拉图派哲学家。

[2] 参见普罗提诺《九章集》的1、6、1；阿奎那《神学大全》的I、II、27、1；罗杰·斯克拉顿的《艺术和想象》，第156页；1981年牛津出版的诺克斯翻译的黑格尔《美学讲演录》第一卷的序言。

[3] 参见前文提及的《美学方法：哲学美学论文集》中F.N.西布利的《味道、气味和美学》。

等。而且气味和味道中也有好与坏的品味，正如在音乐、艺术和诗歌方面有好与坏的品味一样。西布利认为，所有截然区分单纯的感官愉悦和真正的审美愉悦的尝试都无法自圆其说。因此，如果存在基于气味和味道的艺术形式，就像存在基于视觉和声音的艺术形式一样，我们不应该为此感到惊奇。例如，日本的香道，或是于斯曼[1]在《逆天》中想象出来的有点儿过分但绝非不可能的嗅觉上和谐的键盘，都是基于气味和味道的。或许高级料理就是这样一种艺术形式，而葡萄酒也可以是一种审美制品，比得上像是木工制品似的产品，这些产品消除了“美的”和“实用的”艺术之间老旧的和无用的划分。

西布利的论证很有挑战性，但在我看来并不成功。想一想气味：味觉的对象不是散发味道的东西，而是它所发出的气味。我们说闻到一个垫子，但是气味不是垫子的特质。它是垫子散发出来的东西，可以脱离垫子而存在，也确实在垫子不存在的地方，即垫子周围的空间里存在。因此，气味可以在其来源已经离开的地方飘荡。垫子的视觉外观不是垫子散发出的事物，也不会存在于垫子之外，或是在垫子离开一个地方之后还在那里徘徊。（余象不是视觉外观，而是心象，只是偶然地与事物看起来的方式相关联。）此外，想要辨明视觉外观，我们必须提及垫子的视觉特征。当我看垫子时，我的视觉认知的对象是垫子，而不是垫子“散发出”的其他事物、景象或形

[1] 译注：法国作家。

象。换句话说，视觉体验通过“看”一个事物而接触到看起来的事物。我不会通过“闻”气味而接触到散发气味的事物，因为那个事物不依照它在自己的视觉外观中呈现的方式而呈现在自己的气味中。因此，视觉外观的关键特征不会在气味的世界里被复制。例如，我们可以看到一个模棱两可的图形，一会儿像是只鸭子，一会儿又像是只兔子；我们可以在一个事物中看到另一个事物，正如我们在一幅画中看到一张面孔。似乎没有明确对应的事例来说明“作为什么而散发气味”或“在什么之中散发气味”，可以与气味来源方的对手假说的构建相对照。因此对于气味来说，存在一个很大的困难来做出我在上一章中所做的关于瓜尔蒂[1]画像的那种区分，即意义和关联之间的区分，我们在对象中体验的事物和对象单纯让人想起的事物之间的区分。

由此可以得出一个结论，气味从本体论上来说与声音很像，都不是释放它们的物体的特质，而是独立的物体。我称它们为“第二物体”，与第二特征进行类比，以便吸引人们注意它们对于体验世界的方式的本体性依赖。[2]气味为了我们而存在，就像声音一样，而且必须通过那些注意到它们的人的体验才能被确认。然而，气味无法像声音一样被组织起来：将它们放到一起，它们就混合了起

[1] 译注：意大利画家。

[2] 关于第二物体的理论请参见1997年牛津出版的罗杰·斯克拉顿的《音乐美学》第一章，以及2009年牛津出版的凯西·奥卡拉翰和马修·纽兹编著的《声音与认知》中“作为第二物体和纯粹事件的声音”部分。

来，失去了自己的特性。它们也不能被安排在一个维度之上，不能像声音可以按照音高而排列，以便于举例说明中间状态的秩序。[1]它们依然是自由浮动的和不相关的，无法引起期望、紧张、和谐、暂停或释放。你可以承认，气味可能仍然是审美趣味的对象，但只有通过将它们放在审美的边缘才能验证这一点，所谓审美的边缘就是被声音来源占据的边缘，在那里美丽是有关关联而非表达的问题，是有关背景而非内容的问题。但是坚持闻到气味与审美的根本区别更能阐明问题，而两者的根本区别存在于那些只有通过想法的结合才能获得意义的感官享受的对象，以及意义可能直接被看到和听到的视觉和听觉对象之间。

因此，如果我被要求去选择，我会说，出于哲学原因，我们在葡萄酒中体验的醉态是一种感官体验，而非审美体验，而诗歌带来的醉态则彻底是审美体验。我说了这么多是想暗示，美感不能简单看作是感官的，审美享受有一种认知的和探索的特性，这种特性将它们与纯粹的肉体享乐区分开来。但你是否赞同这一差别，或你是否有意将葡萄酒的享受描述为“审美的”并没有多大的关系。对于葡萄酒，必要的认知是，要把它视为思考的对象和沉思的工具。

---

[1] 正如大卫·希尔伯特（译注：德国数学家）很久以前注意到的（在1899年的《几何基础》中），中间状态是几何学的基础概念之一，允许距离和方向的公理化。因此有声音的几何学，但却没有气味的几何学，而在音乐中的根本体验是位于共享的音乐空间之中并在其间移动的音乐物体之一。

对葡萄酒的认知

我对于足球比赛的兴奋感并不是一种可以由毒品导致的生理状况。它针对的是比赛：它是在壮观景象中的兴奋感，而不仅仅是由壮观景象产生的兴奋感；它是缘由的结果，也是缘由被理解的方式。这样的说法对葡萄酒也适用。我感觉到的醉态不仅仅是葡萄酒导致的结果：它反馈到我对葡萄酒的体验之中，因此成为葡萄酒味道的一部分。它是享用葡萄酒的一种方式。醉人的特质和享受是内在相关的，因为如果不提及前者，后者就无法被恰当地描述出来。葡萄酒居于我的醉态之中，正如比赛居于球迷的兴奋感之中。我没有像吞下无味的毒药一样吞下葡萄酒，我将其吸入我自己体内，这样它的味道和我的情绪就能密不可分地被绑定在一起。

换言之：存在两种醉态，即作为其本源的特质而被体验到的醉态，像是葡萄酒的醉人特性；以及不用改变本源被体验的方式，仅仅作为其本源导致的结果而出现的醉态。而理解葡萄酒的第一条线索是：葡萄酒诱发的醉态也指向葡萄酒，其方式就像是由足球比赛所导致的兴奋感指向比赛的方式一样。然而，这两个示例并非完全一样。我们可以毫不牵强地说，我们对比赛感到兴奋，以及因比赛而产生兴奋；但我们如果说我们陶醉在葡萄酒中，且因葡萄酒而沉醉，就有点牵强了。而这与在本章开始提到的第二个问题相联系，即关于知识的问题。有什么是我们从葡萄酒的味道中或融入葡萄酒的味道时学到的？就像是我们通过视觉形象或融入其中而学到的东西那样。

在描述视觉体验时，我在描述一个视觉世界，是就在某种意义上被应用于体验中的概念而言的，而不是从体验中得出的概念。说明这一点的另一种方式是说，视觉体验是对现实的再现。正如已经说明过的，味道和气味并不是这样的。我可以说我手里的冰淇淋尝起来是巧克力的味道，或是它尝起来像巧克力，但不能说我把它当作巧克力来品尝，味道本身不是一种判断形式。此处的差异也被反映在评论家对绘画有说服力的描述，以及葡萄酒作家笔下对葡萄酒牵强并古怪的描述之间的差异。葡萄酒评论在某种意义上来说是没有根据的，因为它不是在描述葡萄酒是什么样子的，仅仅是在描述它尝起来的样子。而味道并不是对拥有它们的物体的再现。[1]

---

[1] 这是一个有争议的断言，我关于葡萄酒评论的状况的说法也同样具有争议。有人将葡萄酒评论比作艺术评论，在艺术评论中描述旨在在体验中被接受，而非真实对待可能通过其他某种方式被识别的特性。参见 2007 年牛津出版的巴里·C. 史密斯编著的《关于味道的问题：葡萄酒哲学》中肯特·巴赫所写的“知识、葡萄酒和味道：知识（在享用葡萄酒时）有何好处？”，以及 2008 年牛津出版的弗里茨·阿尔霍夫编著的《葡萄酒与哲学：关于思想和饮酒的酒会》中凯思和艾德丽安·雷赫尔的反驳“是葡萄酒评论，还是批判的沟通？”。约翰·B. 本德尔在同一本书中一篇名为“葡萄酒评论家告诉我们什么”的文章中，试图给出对葡萄酒的描述和对艺术品的描述之间的相似之处，将两者都看作推理过程的一部分，在这一过程中判断和辨别是目标。然而，问题在于，艺术评论家描述的是艺术作品，但葡萄酒评论家描述的是味道，葡萄酒并不像艺术品以它们看起来或听起来的方式被表现出来一样，在其味道中被表现出来。

伊夫林·沃[1]在《故园风雨后》中描述了查尔斯和塞巴斯蒂安单独待在布赖兹赫德时，品尝伯爵的收藏品时的对话：

"……它是一种有点儿害羞的葡萄酒，像是羚羊一般。"

"像小妖精一样。"

"带着斑点，在织锦一般的草地上。"

"像是静水之旁的长笛。"

"……这是一位睿智的老人。"

"山洞里的先知。"

"……这是洁白的脖颈上的一串珍珠项链。"

"像一只天鹅一样。"

"像最后一只独角兽。"

这段对话表达了两个青少年在探索彼此的想象力时，两人之间尚未成熟的爱意。但是它描述出了他们所喝的葡萄酒了吗？并不是以我描述一幅画的方式来描述葡萄酒的，我通过详细说明我在画中察觉到的内容而对画做出描述。山洞里的先知不是像你能在提香[2]的画作中看到圣杰罗姆一样，能够在葡萄酒中品尝到的东西。对葡萄酒的这种描述和我们在描述音乐的表现力时对音乐的描述也

---

[1] 译注：英国作家。

[2] 译注：意大利文艺复兴后期威尼斯画派代表画家。

不相像，贝多芬写在晚期四重奏降B大调短曲乐谱上的“痛苦的”（beklemmt）就是对音乐的描述。葡萄酒不是再现的媒介，但它也不是表达的媒介：我们无法像在音乐中加入情感去理解那样，在从酒杯中飘出的味道中加入情感去理解，因为这些味道尽管是被有意制造出来的，但没有像音乐中的音符那样被意图标明出来。不知何故，我们所提供的描述无论看似有多恰当，都绝不会从它们在倾诉者精神生活中的源头之处转移到它们的目标之上，而这些目标就在让人想起它们的葡萄酒之中。

这并不意味着，我们无法描述葡萄酒的味道，或是将它划分为其制造出的感官的组合。如果我说一种葡萄酒拥有花香，在味蕾上徘徊，带有成熟浆果的味道，以及些许巧克力和烤杏仁的味道，那我所说的话就传达了真实的信息，某人或许能够从中构建出这种葡萄酒味道的感官形象。[1] 但我是以其他味道对味道进行描述，并没有试图将一个意义、一个内容或任何类型的参考附在上面。我给出的描述没有暗示葡萄酒唤起、意味、象征或呈现巧克力的想法，而没有想到用这些词来描述葡萄酒味道的人不会发现，他已经错过了他所饮用的葡萄酒的意义，或是一点也不会发现他确实错过了重要的事物。

我们对葡萄酒的体验与它作为一种饮品的本质密切相关，它是一种顺畅地滑入体内的液体，随着它的下行而点燃肉体。正如我在

---

[1] 在识别味道和香味时，以及在将其分类为感官种类时会（有限地）用到“香气转盘”。参见A.C.诺力在www.winearomawheel.com上给出的内容。

上一章中表明的，这赋予了葡萄酒一种独特的内在性，这种与身体的亲密关系，固体食物很少能做到，因为食物必须被咀嚼，因此食物在进入食道之前就已经改变了性质。任何气味也无法做到这一点，因为气味与身体毫无接触，只是在不接触的情况下让人沉醉，就像聚会那头的漂亮姑娘一样。

葡萄酒在宗教习俗中的象征性应用在艺术和文学中被反映出来，其中魔法饮料被设想为改变思想，甚至是改变身份的饮料。我们发觉这种象征意义很容易理解，因为在它所采用的方式之中，醉人的饮品，尤其是葡萄酒，被“摄入自己的体内”，其方式引诱人几乎想要从字面意义上去解释那一说法。仿佛葡萄酒进入了饮酒之人的自我之中。当然在这方面好酒和坏酒之间存在很大的差别，而自我及时学会了欢迎其中一方，同时对抗另一方。但是确切来说，这是因为自我参与得非常积极，因此不得不去抗争并赢得这场战斗，正如必须抗争并赢得善与恶、美德和邪恶之间的战斗一样。谈及葡萄酒的味道要比谈及单纯的味道更有风险，而“口味难言好坏”[1]这一格言在此处和在美学中都是错误的。我们不是在争论一种身体上的感觉，而是在争论我们作为理性主体全身心投入的选择。

这种饮品的象征意义，及其转化灵魂的效果，揭示了隐藏的真相，即只有理性的生物才能欣赏像葡萄酒这样的事物。味道是不太具有认知性的感觉，因此它有着不对非理性的生物开放的一面，而

[1] 译注：拉丁语原文为 de gustibus non est disputandum。

这一面包括我们正在考虑的情况，也就是醉态的情况。动物可以喝醉酒，可以因吸食毒品而兴奋，因大麻而感到闷气；但是它们无法体验到我们通过葡萄酒所体验的这种定向的醉态，因为这是一种只有理性的生物才能在其中发现自己的情况，取决于一些想法和行为，而一匹马或一只狗是不具备这些的。只有理性的生物才能表现出享受这种状态，因此也只有理性的生物才能去享受。所以说，在我完成自己作为葡萄酒评论家的职责时，当我在山姆马身上试验一瓶葡萄酒，将满满一杯葡萄酒搅拌进它的燕麦中并研究它的反应时，我无法区分它是在享用葡萄酒，还是仅仅是喜欢喝。对它而言味道是快乐的源泉，但不是快乐的对象。他没有将思想集中在葡萄酒的味道上——它确实没有这样的概念，也没有能够用像“我品尝这个”这样的短语表达出来的想法。它也没怎么将葡萄酒的醉人特质当作葡萄酒的一个特质来体验。对它而言，醉态不是味道的一部分，即使醉态是它在吸收葡萄酒时的部分感受。

兴奋剂的种类

然而，我这么说是在暗示，即便是对于理性的生物而言，也并非所有形式的醉态都是单一属性的。因此有必要对我们在寻求刺激、醉态或是从万物之眼泪中得到安慰时所服下的物质做一些区分。我们尤其应该区分 4 种基本的兴奋剂：那些取悦我们，但不以任何根本方式改变思想的兴奋剂，即便它们有心理效应；那些改变思想，但没有在消耗它们时提供任何乐趣的兴奋剂；那些因我们服用它们而既改变我们的思想又取悦我们的兴奋剂；最后就是那些改变思想的兴奋剂，它们至少在部分上是起到了取悦我们的作用，或在取悦我们的行动中改变了我们的思想。还存在着处于中间的情况，但是我觉得这几大类提供了一幅这片迄今没有标注的领域的地图。因此我会依次说明每一类。

1. 那些取悦人，具有心理效应，但不会改变思想的兴奋剂。

烟草或许就是这类里最为人熟知的例子。它具有心理效应，导致神经紧张的减少，以及专心程度和控制力的提升，但它不会从根本上改变思想，使世界呈现出不同的样子，干扰直觉和运动通路，或是妨碍情感和智力生活，或为其重设方向。所涉及的快乐与心理效应密切相关，而尽管该例子与葡萄酒的例子不完全相同，但有一种明确的感觉，比方说在这种感觉中一根好雪茄的味道是让人放松的，类似于一种好葡萄酒的味道是醉人的，即心理效应形成了部分味觉特质。这是一种古怪的现象，在美学中也有与其相似的现象。无论你服用的是什么，当品尝带来独特的体验时，它就出现了：正如我之前说过的，非理性的动物无法做到这一点，我们只有在一种物质的心理效应能够被重述以便核实，可以说是为了理解它有味道的方式时，才能做到的事情。涉及这部分内容的一些感觉可以通过考虑第二种兴奋剂而获得，而第二种兴奋剂完全没什么可品尝的。

2. 具有改变思想的效果的兴奋剂，但不会在服用它们时带来任何快乐。

这类兴奋剂最明显的例子就是你整个吞下去的毒品，像是摇头丸，或是你注射的毒品，像是海洛因。此处摄入毒品并不会带来快乐，但是会带来激烈的心理效应，这些效应是为了它们本身的作用而希望得到的，不管它们是怎么被引起的。品味海洛因是不可能的，而在摄入这一物质时脱离开的思想，在那之后在某种意义上仍然是超脱的。毒品产生的心理效应并不指向毒品，或利用毒品的经历；它们指向日常感知和关注的对象，指向想法、人们、形象，等等。你不会从毒品本身中获得乐趣，即便使用毒品会导致其他的乐趣。显然，这非常不同于第一种情况，以及我现在要考虑的第三种情况。

3. 具有改变思想效果的兴奋剂，但在服用它们时会带来乐趣。

最有趣的两个示例就是大麻和酒。我指的是一般的酒，而不仅仅指葡萄酒。专家告诉我们说，通过吸食大麻而产生的心灵转变非常深远，比快乐的时刻持续的时间要长上数小时或数天。尽管如此，快乐的时刻肯定存在，类似于烟草所带来的快乐时刻，尽管它涉及的是精神集中方面的损失，而非精神集中上的收获。此外酒也有一种改变思想的效果，刺激情绪，混淆想法，并干扰神经通路，而这种改变思想的效果持续的时间要长于快乐的时刻，并在部分上与快乐并不相关。恰恰是因为心理转变的持续时间确实长于快乐的持续时间，所以我们被驱使着去对比酗酒者的案例和葡萄酒爱好者的案例。酗酒者已经对饮品的效果上了瘾，并或多或少地对其味道不感兴趣；而对葡萄酒爱好者而言，心理转变超越了味道享受，心理转变可以说是就像在一位老友拜访过后，见到他的喜悦之情仍然存在的那种方式，比味道的持续时间更长。因此需要区分第四种情况，即确实让我感兴趣的情况。

4. 具有改变思想效果的兴奋剂，在某种意义上与服用它们的体验有着内在的关联。

当然，例子就是葡萄酒，而这就是我早先在提及味道的醉人特质时想要表达的意思。正是在饮酒的行为中，思想被改变了，而改变在某种意义上与味道密切相关：味道中充满了被改变的意识，正如被改变的意识指向的是味道一样。这再一次接近于审美体验。我们都知道，你无法带有理解地去听贝多芬的四重奏，除非你的整个心灵都被它占据并转变了。但意识的转变被重申以理解制造它的声音，可以说那就是转变的声音。因此出现了有关音乐内容的著名争论：我们承认，这样的音乐具有意义，但我们也想否认，意义是可以从音乐听起来的方式中拆分开来的。

尽管我已经比较了大麻和酒，但意识到两者之间的差异是非常重要的。显然两者之间存在重要的医学和生理差异。酒精会被快速排出精神系统之外，只有在大量饮用时才会让人上瘾，至少是让那些像我们一样基因构成已经受到数千年酿酒的影响的人上瘾。北极圈的因纽特人以及祖先从未栽培过葡萄的其他人无法无害地处理酒精，并会快速对酒精上瘾，但出于对下文的考虑，我指的仅仅是你和我。对于你和我，可以有把握地说，大麻从生理学的角度来看与葡萄酒形成清晰的对比。大麻的效果会持续数日，既容易导致上瘾，带来的反应也更为激烈，不仅导致思想的暂时性改变，还会导致个性的永久或半永久的转变。通过广泛观察还会发现大麻特别容易导致道德感的缺失。这种道德感的缺失也能在酗酒者身上观察到，但不能仅仅靠酒精上瘾来解释。对烟草的上瘾，无论是抽，还是嚼，都似乎不会导致受害者道德败坏。人们在毒品的影响下犯罪，并在酒精的影响下制造事故，但他们不会在吸烟的影响下做出这两种事。

葡萄酒生理效应的暂时性本质在描述它引起的情绪氛围时非常重要。葡萄酒的效果被观察者和享用者理解为一种暂时的占有、一种短暂的改变，然而，这种改变不是对改变在其体内发生的那个人个性的更改。因此你可以离开酒杯并通过睡觉熬过酒劲。而对西勒诺斯（狄俄尼索斯的导师和同伴）性格的古老刻画，描述的是一个要么喝酒要么睡觉的生物，其间醉意逐渐增强。此外，更重要的是，一般的酒，特别是葡萄酒，有一种独特的社交功能，若是人们有节制地饮酒，就会增多在一起喝酒的那些人喋喋不休的话语，增强其社交自信，并提升他们的友善感。我们从饮酒中发展出的许多社交方式在实行过程中都有严格的适度的制度。例如说，在酒吧里买一轮酒在重复的相互慷慨的情绪下，人们就能团结为一个群体，而无须依赖于任何具体的亲密关系，酒在这中间起到了重要的作用。

大麻也有社交功能，并在中东和一种抽水烟袋的仪式相关联，这种仪式导致了一种共同的昏醉，简单地与和平相混淆，而和平是在那一地区难得找到的东西。每种麻醉剂都反映并强化了一种特定的社交形式，因此，重要的是去理解，葡萄酒中让我们感兴趣的特质反映出了社会秩序，而葡萄酒就是这种社会秩序的一部分。

葡萄酒不仅仅是一点酒精，或是一种混合饮料。它是一种对葡萄的转变。在其影响下的灵魂的转变只是在继续进行另一种转变，这种转变可能开始于 50 年前，当时葡萄刚从葡萄藤上摘下来。（这就是希腊人将发酵描述为神的工作的一个原因。狄俄尼索斯进入葡萄中，转变了它，而这一转变的过程之后在我们饮酒时又转移到了我们身上。）尽管我们知道人类的技能参与到了这一转变之中，但那是与鸡尾酒混合器的技巧截然不同的技能，是一种耕作的技能，而在某种程度上其结果不仅显示了种植者和酿酒者的技巧，还显示了将我们从狩猎采集者转变为农民的整个行为过程。（或许在诺亚醉酒的故事中有些与此过程有相似之处。）

葡萄酒的效果

因此，当我们举起一杯葡萄酒到唇边时，我们在品尝一种持续的过程：葡萄酒是一种生物，是其他生物的最终结果，是我们之中生活的先驱。仿佛它是在任何社交集会中的另一种人类存在，同在场的其他人一样是兴趣的焦点。这一体验因香气、味道以及对鼻子和嘴的同时影响而增强了，尽管这些并非是葡萄酒所特有的，但正如我所说明的，它们与直接的醉人影响有着密切的关联，因此它们本身可以被视为醉人的。饮酒者的整体存在冲到嘴和鼻子那里，与诱人的液面相遇，正如情人的整体存在在亲吻中集中到嘴唇那里。尽管这一比较很古老，但在情爱之吻和啜饮葡萄酒之间做过多的比较将会是言过其实。然而，将嘴与酒杯的接触描述为你和葡萄酒之间面对面的相遇并不是一种夸张的说法，而只是一种隐喻。威士忌可能贴上你的脸，但不会恰好像葡萄酒那样与你面对面。威士忌在体内流动时带入的那点酒精像是某种从味道中逸出的东西，以一种秘密的方式起效。相比之下，葡萄酒的酒精成分仍然是味道的一部分，就像是一个诚实之人的个性在其脸上被透露出来一样。在这一方面，烈酒类似于兴奋剂和药用饮剂：味道本身轻易地与效果相分离，就像一个浅薄之人的面容和姿势本身与他的长期意图相分离一样。葡萄酒的陪伴在于它的效果不是秘密的和隐藏的，而是被体现出来的，并在味道中显现出来。这一特征之后被传送给那些一起饮用葡萄酒的人，以及那些使自己适应它诚实做事风格的人。

古代谚语告诉我们，葡萄酒之中有真相。真相不存在于饮酒人观察到了什么，而是以放松的言语和更为轻松的方式存在于他所揭示的内容之中。它是“为他人的真”，而非“为自己的真”。这既解释了葡萄酒的社交美德，也说明了它在认知论上的无辜。葡萄酒不会像大麻欺骗你那样，用带你进入另一个更高的领域的想法去欺骗你。因此，它非常不同于即便是最为温和的改变思想的毒品，所有这些毒品都传达一些与酶斯卡灵和迷幻药相关的体验，无论有多粗俗，而且这些体验还被奥尔德斯 · 赫胥黎[1]记录在了《知觉之门》中。这些毒品，并不排除大麻，在认知论上都是该受到谴责的。它们说了关于另一个世界的谎话，所谓的另一个世界是一种超验的现实，在这种现实旁边，普通现象的世界黯然失色，或至少变得没有

[1] 译注：英格兰作家。

原来重要。相比之下，葡萄酒把我们面前的世界描绘为真实的世界，并提醒我们，如果我们先前没能了解它，那是因为我们事实上没能属于它，这是一个用葡萄酒非凡的美德可以克服的缺点。

正如我所表明的，葡萄酒是射向灵魂的一道光，指向偶然事物的内在本质，同时它还指出了另一种存在可能为人所知的方式，虽然它并没有指明。但是葡萄酒在这样做的同时没有遮住照在我们世界之上的光亮，也没有欺骗我们去认为我们已经进入了另一个不那么虚幻的替代选择之中。葡萄酒尊重我们的幻觉，甚至增强其中更为温和的部分。但是，它不提供逃离现实的路径。

我认为，出于上述原因，我们应该详尽阐述我们对于葡萄酒典型效果的描述，因为那不仅仅是醉态的效果。当与人一道饮用时，葡萄酒的典型效果包括自我向另一个人敞开心扉，这是朝向要求并提供宽恕的有意识的一步：并非宽恕行为或疏忽，而是宽恕不恰当的存在。尽管葡萄酒在基督教圣餐中的运用在“最后的晚餐”中拥有了权威性，正如《新约全书》中记录的那样。但是，还有另一个原因能说明葡萄酒在圣餐仪式上的中心地位，那就是它既阐释了使得基督教与其早期竞争者区分开来的道德立场，又在很小的程度上表明了这一道德立场。这一原因包含在“宽恕我们对你的冒犯行为吧，如同我们宽恕别人对我们的冒犯行为”的祷告之中。这一特别的祷告告诉基督教徒，只有在他们提供宽恕的时候，他们才能获得宽恕。从自己的酒杯中，我们都能理解这一祷告。而这种对宽恕在构成持久的人类社会中起到的关键作用的理解，也随哈菲斯、鲁米和奥玛·海亚姆的诗歌闯进了伊斯兰教的世界，而这三个人无一例外都是葡萄酒迷。在《古兰经》第 16 章第 7 节中，葡萄酒被毫不客气地称赞为神的礼物之一。先知在麦地那的放逐生涯中经受多种考验后，变得更加暴躁，他对于葡萄酒的态度开始变味，就像第 5 章第 90~91 节中所说的那样。穆斯林认为，无论何时出现冲突，都是由于之后的启示抵消了之前的启示。[1] 然而，我怀疑，神以更为神秘的方式移动。

味道和认知

圣餐葡萄酒让我回到我之前强调的那一点，即葡萄酒显著的心理效应可以说是反过来解释了其缘由，因此葡萄酒本身在其味道中让人想起了它们。正如你品尝葡萄酒的醉人味道一样，你还会品尝到它的协调能力：它向你展示了宽恕的味道。这是理解基督教关于圣餐的变体的教义的一种方式，这一教义本身就认为狄俄尼索斯实际上存在于葡萄酒之中，而不仅仅是来自于希腊信仰的残余物。大部分对葡萄酒的体验描述的尝试要么是在文字上比较各种味道，要不然就是我早先讨论的与《故园风雨后》中查尔斯和塞巴斯蒂安相关的那种稀奇古怪的狂言。还有一些极端的例子，在这些例子中，关联和意义之间的界限变得模糊了：葡萄酒的心理效应变得非常强烈，侵扰了其味道，因此我们拥有了一种体验，这种体验并非完全

---

[1] “之后的启示在文本的典范次序关系中出现得较早。”在我看来，鉴于麦加章节的明显启示，以及归于在麦地那的那些年的那么多顽固的愤怒，这是个致命的错误。

不同于在一幅画作中看到情感，或在音乐中听到情感。我不知道我们应该从中确切得出什么结论，但是这个结论不会引领我们去忽视味道和其他特质之间的根本差别，而且它值得去被发现。

首先，味道不是像颜色那样的特质。每片蓝色都是蓝色的物质，哪怕只是一小片。但并非每种草莓味都是尝起来是草莓味的物质。物质没有了味道还会在那里，犹如我嘴里有一种味道，但却没有咽下任何东西。味道在嘴里就好像气味在空气中，或声音在房间内。味道与气味、声音一样，在第二物体的本体论分类中。因此一种葡萄酒的味道可以在葡萄酒已经被咽下之后长时间留存。[1] 味道可以自身脱离于它们的来源，正如音乐里的声音那样，并过着它们自己的情感生活。由于它们与它们的对象相关，而不是对象中所固有的，所以它们拥有启动一系列关联的机制，在普鲁斯特详细阐明的那类连续的叙述中，这种机制将对象与对象连接起来，将地点与地点连接起来。

同味道的这一特征相关联的还有我们在描述它们时所体验的众所周知的困难。颜色属于一个色谱，沿着公认的现象维度而变化，这些维度包括亮度、饱和度，等等。我们将颜色按顺序排列，这样我们就知道它们关系如何，如何演变为对方。味道在特定的维度之中也有一定的顺序，例如甜—苦、温和—辛辣这样的连续性。但是味道的大多数独特性没有表现出固有的次序和清晰的过渡。我们通常依照它们的

[1] 在味蕾上“萦绕”的特质与“回味”这一相关特质相似，通过鼻后嗅觉传达出来。这是将嗅觉从属性地应用于已经被嘴捕获的物体之上。

典型来源来描述它们：坚果味的、水果味的、肉味的、干酪味的，等等。因此区分和比较味道的过程始于一种关联的努力，凭借这种努力我们学着去识别出典型味道的来源。我们学习将味道放到味觉领域之中，可以说这一领域的地标是我们吃到和喝到的熟悉的东西，以及制造它们的地方和过程。

最后这一点让我回到了之前提出的葡萄酒在影响人们的认知论上是无辜的观点上。我们通过葡萄酒得到的被提高的意识的“此岸性”意味着，我们在试图描述它所透露的知识时，寻找的是我们现实世界的特征，这些特征可以说，在葡萄酒的味道中可能是被概括的、被纪念的和被庆祝的。因此，上等葡萄酒在传统上被人视为地域的味道，这一地域不仅仅意味着土壤，还意味着将葡萄酒神圣化并让葡萄酒与饮酒者交流的风俗和仪式。我认为，在此处运用神学语言绝非偶然。尽管葡萄酒不会说关于先验领域的谎话，但是它使内在现实神圣化，同时让我们熟悉它隐藏的主观性，并以波罗门的样子将主观性呈现出来。这就是为什么它是非常有效的化身象征。在品尝葡萄酒时，我们可以说是通过了解它，而知晓了一个群落的历史、地理和风俗。

因此，从古代起，葡萄酒就一直与明确的地方相关联，与其说它是那些地方的味道，不如说定居事业赋予那些地方的味道通过葡萄酒表现出来了。比布鲁斯的葡萄酒是腓尼基人主要的出口产品之一，而旧时的法兰娜白葡萄酒因贺拉斯而成为传奇。那些尊敬勃艮第、波多尔以及德国莱茵河地区和法国摩泽尔流域带有魔力的名字的人不仅仅是在卖弄，他们还在有效利用对一种珍爱的味道最好的以及最为可靠的描述，这种描述与出产这一味道的定居地的理念和历史是不可分割的。顺便提一下，古埃及人不仅会经常给葡萄酒加上其产地的标签，并且同地中海周围所有最好的供应商做交易，他们还会通过葡萄酒的社会功能来给葡萄酒分类。考古学家已经复原了标注为“一流庆祝用葡萄酒”、“税收日葡萄酒”、“舞蹈用葡萄酒”等的双耳细颈酒瓶。[1] 然而，令人怀疑的是，这些描述能否作为识别一种味道的指南。很容易想象，在一次品尝中，顾客将酒杯举到鼻子边，抿了一口，然后说“勃艮第”；而想象他说出“税收”却要困难得多。这是为什么呢？

此处我们应该再次回到葡萄酒的宗教意义上去。冒着过分简化的风险，我认为有两根截然不同的线编织成了宗教意识，而我们对于宗教的理解过于强调其中一者。我们所过分强调的第一根线就是信仰之线。第二根线通常被现代思想（并非是像爱米尔·涂尔干和马克斯·韦伯这类宗教方面的先驱社会学家的思想）所忽视，它可能是在“教徒”一词中被体现出来的那根线，我指的是因信奉宗教而诞生出的所有风俗、仪式和实践，这样神明就能成为我们之间一种神圣的实体存在，以及人类社会活着的记录。希腊和罗马的异教在吸收教徒方面很擅长，但是在给予信仰方面就有所欠缺。因此他们

---

[1] 参见2004年于伦敦出版的《葡萄酒在古代世界》中帕特里克·麦卡文见闻广博的叙述。

集中在祭祀上，将其当作主要的宗教现象。信教者是通过祭祀而非教义，证实了自己的宗教的正统性和与同类的同一性。西方文明在近几个世纪里倾向于强调信仰，特别是对先验领域和统治该领域的全能之王的信仰。这种神学上的强调，通过将宗教表现为神学教义，而将宗教暴露于被驳斥的境地。而这意味着，人们真正的宗教需求是一种根植于我们体内的需求，某些人说是进化根植于我们体内的，而其他人则认为是由上帝根植于我们体内的（那为什么不是两者一起根植于我们体内的呢），这种宗教需要为其表达寻求其他的渠道，通常是不能实现更新人性目标的盲目崇拜形式。

我并非假设崇拜是次要现象，是源自证实它存在的神学信仰。我持相反的观点，并且认为我有现代人类学及其真正的创始人理查德·瓦格纳的支持。[1] 神学信仰是对崇拜的合理化，而崇拜的功能就

[1] 克洛德·列维—斯特劳斯在1964年于巴黎出版的《生食和熟食》的“序言”中，称颂瓦格纳是结构人类学的创始人。确实在瓦格纳的年代之前存在一种称为人类学的学科，康德是首位在他的《实用人类学》中将其确定为大学的研究课程的人，而《实用人类学》是1798年由讲义整理而成的书籍。将宗教认可为人类心灵的一种深层需求，在1911年于莱比锡出版的《著作和诗作全集》第10卷中的《宗教和艺术》中由瓦格纳对费尔巴哈的转变得到了传达，而心灵的这种需求总是会在象征形式中自我表达。由于黑格尔的缘故，将古代神话和宗教视为给予普遍心理现实形式的研究，确实在德国文化中很常见。这一方法的真正起源可能是1810~1812年间于达姆施塔特市的莱比锡出版的格奥尔格·F.克鲁泽尔的《古代民族的象征学与神话学》，这是一部在当时引起许多争论的作品。然而，直到瓦格纳时期，才给出了伪造的宗教的例子，在这类宗教中，神是从需求中推衍出来的，而不是制造需求的。这无疑是宗教在综合人类学上的首次尝试。

是集结教徒。正是通过建立一种崇拜，人们学会了集结他们的资源。因此每一次移居和将土地转变为一个群落的共同需要，都涉及建造一座神庙，并留出日子和时间来进行庆典和祭祀。这样的话，当人们已经为神准备好了居所，神就会悄悄地入住其中，起先或许人们没有注意到，随后神才会披上神学的先验外衣。

在我看来，作为文明起源的定居行动既涉及我们与土地关系的彻底转变——换句话说，就是从狩猎采集者到农民这一转变——也涉及一种新的归属感。定居的人们不仅仅属于彼此：他们还属于一个地方，而出于那种共同之根的感受，在那里出现了农场、村庄和城市。植物崇拜是最为古老的，而且也是在无意识中扎根最深的，因为它们是驱除了狩猎采集者的图腾信仰的崇拜，并赞美土地本身，将其视为我们留在原地的努力中心甘情愿的同谋。新的农业经济，以及由其发展起来的城市生出了被种植的农作物的神圣感，特别是主食的神圣感，也就是通常以谷物或稻米的形式出现的禾本科植物，以及缠绕上方树木的藤类的神圣感。这无疑就是圣餐中的面包和葡萄酒的史前史。此外，藤上的果子可以被发酵，并以无菌的形式储存。它给一个地方以及生长在那里的东西提供了一种记忆，因此成为定居的群落及其持续的意愿的一种象征。

在某种程度上，我冒昧地说明，葡萄酒的体验是对那种原始崇拜的恢复，而正是凭借这种崇拜，人们定居于这片土地并建设出城市。而且我们在葡萄酒中品尝到的不仅是水果及其酵母，还有一片风景的独特味道，神被邀请到那片风景处，他们在那里找到了家园。

没有其他我们吃到或喝到的东西带着如此耀眼的光环来到我们面前，而人们通过拒绝饮用葡萄酒来传达一条重要的信息，即他们不属于这片土地的信息。

抱怨的意义

在19世纪，禁酒的标语不是由政治家而是由普通公民举起的，他们中许多人的激烈程度现在很少见到，因为现在社会问题被遗留给了保姆式的国家。让维多利亚时代的英国空想社会改良家不安的，不仅仅是城市人行道上被毁了的酗酒者的景象，还有对数量多得多的饮酒者的了解，这些饮酒者坐在家里，高兴地举起酒杯，他们的缺点是公众之眼所看不到的。H.L. 门肯[1]将清教主义定义为“担心某人在某地可能是快乐的那种萦绕心头的恐惧”。当我们读到禁酒粉丝团的集会和誓言，以及他们既不尊重隐私，也不尊重受害者的社会关系的爱管闲事的监控时，我们常常会松一口气，那时是那时，现在是现在。

然而，用支持清教主义的说法来说，并非所有的愉悦都是无辜的。每个社会，包括我们的社会在内，都将性快感划分为无辜的和有罪的。禁酒运动源自将那种自然的道德反应转移到它并没有明确

[1] 译注：美国讽刺评论家。

定义的领域中去的倾向。导致性方面的罪过的不是无节制，而是错误的对象选择；而所有的饮酒行为都是无辜的，除非饮酒过度。与此同时，正如门肯提醒我们的，正是对于“其他人在忙什么”的忧虑激励了各种形式的清教主义。

如果存在附属于葡萄酒的罪恶，我会说它不存在于饮酒之中，而是存在于在愉悦和美德之间可能出现的分离之中。每种文化都通过允许某些快乐并禁止其他快乐而繁荣。而那些支持文化的快乐必须被良好的习惯控制。在我们传承的亚伯拉罕遗产中，良好的习惯是那些表达慈善精神的习惯。正如苏菲派的诗人鲁米所说的，对于有道德的饮酒者而言，“爱的发酵占有了葡萄酒”。

在英国和美国社会的许多方面中，都还能见到清教徒的遗产的踪影。而对于人类学家来说，最有趣的在于，清教徒的愤怒可以轻松地从一个话题转移到另一个话题，而之前不被他们赞成的事物可以同样轻松地突然之间被免除所有罪恶的污点。这在对待性的态度上已经尤为明显了。我们的父母和祖父母认为，年轻人应将性看作一种需要抵抗的诱惑。然而，他们没有把贞洁视为对性享受的一种准备：在他们眼里，享受恰恰是错误的。结果他们没有真正区分有道德的和堕落的欲望。整个话题都成了禁忌，而对于性冲动的问题的唯一答案就是：“不可以！”他们记不得将贞洁视为一种节欲的老旧观念。然而亚里士多德有关愤怒的说法同样适用于性。对于亚里士多德来说，完全避免愤怒是不对的。必要的是养成正确的习惯，换句话说就是磨炼自己对于正确的人，在正确的场合，持续正确的时间长度来感受适量的愤怒。

以这样一种方式，我们不应该将性节制定义为避免欲望，而应该将其定义为对于正确的对象，在正确的场合感受正确的欲望的习惯。苏菲派哲学家安萨里在这一问题上受到了亚里士多德的影响，他在《善行之衡》中将贞洁的美德描述为用来“确保自我从属于它的理性成分，以便享受和克制与智力的相符。它是放荡与缺乏欲望之间的中庸状态”。这就是真正的贞洁所涵盖的内容，而且它提供了支持婚姻的深刻论证之一，即婚姻拯救性于欲望的领域之中，并将其置于美德的领域里。它通过使性与品质结合而做到这一点，以便欲望和爱紧密相关，一个增强并控制另一个。所有这些都在简·奥斯丁的小说中被才华横溢地设计并阐释出来，而且简·奥斯丁的崇拜者对于那些作品有着百看不厌的胃口的真正原因在于，当一位女性屈服于她的引诱者时，所说的每一句话都受到欲望的轻轻推动，但却是一种与对其对象的判断不可分割的欲望，并且是与确实处于危险之中的感觉不可分割的欲望。

清教徒缺乏这种适度的和个性化的欲望感。因此，当性禁忌被解除的时候，他们没有发现更深层的原因来避免放纵。由于没有了处于危险之中的美德，性违法行为突然就变成了合法行为。其后没人能找到过早的试验给孩子造成伤害的证据，也没有人能找到不受禁止的性欲造成道德和医学混乱的证据。清教主义将绝对不可以转变为绝对可以。它到处寻找它可以禁止的其他乐事，不是因为上帝遭到了这些乐事的冒犯，而是因为有人在从这些乐事中获益。因此，你可以描绘年轻人参与到性狂欢之中，屏幕上的他们可以咒骂并展示出各种龌龊之事。但是你绝对不能展现嘴里叼着香烟的年轻人，因为那将是纵容罪恶，不是吸烟者的罪恶，而是那些从他的恶习中谋利的人的罪恶。像布鲁内尔[1]、丘吉尔和萨特之类的知名吸烟者的肖像已经被真理部修改，以便从他们的手指间去除让人厌恶的物品，而在学校的布告栏中，同就安全的性和免费堕胎而为12岁孩子提出建议的海报贴在一起的，就是你不可吸烟的绝对律令。

清教徒已经有和瞄准吸烟一样多的理由来瞄准饮酒，因为饮品是掌握在少数像帝亚吉欧[2]这样的大公司手里的大买卖。而且此处清教徒更为容易获得同情。因为醉酒不仅仅伤害个人，还能破坏他的人际关系能力，并将他的世界变为苦海。因此，如果我们要从宗教法庭中拯救出人类最伟大的商品之一，至关重要的是我们要找到另一个比禁止更为人道的方式去处理酒精问题。而这就是为什么我们应该从亚里士多德那里吸取教训，不要从“你应该”和“你不应该”的方面来看待问题，而是就饮酒的正确和错误方式来看待问题。

圣保罗告诉我们：“不要醉酒，醉酒使人放荡，而要让圣灵充满。”这段话的意义不是敦促用烈酒替代葡萄酒，而是警告我们不要过量饮酒。圣灵对葡萄酒没有敌意。毕竟，根据基督教教义，圣灵存在于圣餐中的葡萄酒之中，而且保罗给他最亲爱的同伴的建议是

[1] 译注：英国工程师。

[2] 译注：来自英国，全球最大的洋酒公司。

“不要只是喝水，提摩太，也喝点葡萄酒”（《提摩太前书》第1部5.23）。基督教确实是那些地中海宗教中已经使饮用葡萄酒成为一种义务的宗教。清教徒遗产的另一个问题在于，它没有将醉酒和轻度的醉态区分开来，或是区分造成两种状态的不同饮品。因此，对清教主义的抗拒表现在对于它所推荐的饮品和饮用这些饮品的方式同样没有辨别力，就不足为奇了。

美国的反应以名为《摩登酒鬼》的引人注目的新杂志为典型。最近在一家华盛顿的酒吧里，一位绅士将一本《摩登酒鬼》塞进我手里，他的块头非常大，使得他的声音好像是从他胃部以下的某个看不见的区域发出的。那本杂志讲述了一批无辜的乡下人，都打扮成圣诞老人的样子，在最近的一次圣诞节时他们被挥舞警棍的交警驱散了，尽管这些醉鬼中没人在醉酒后开车回家。里面有一篇对流浪汉皇帝的鼓舞人心的采访，这位“汤骨头”巴尔梅特从一个监狱“吐”到另一个监狱，横跨整个大陆去追求自己的宪法权利。杂志中的一篇文章还提供了有关被人遗忘的醉态艺术惊人的有用建议。这篇文章表明，醉酒被美国喝啤酒的人理解为表现阳刚之气最后剩下的方式，或者无论如何都是表现男子气概最后的方式。但是它没有在任何地方应对真正的饮酒问题，也就是喝什么，怎么喝，什么时候和谁喝。它的焦点在啤酒和谷物烈酒上，它主要关注的是建议读者如何喝足够多的那些酒，还仍能再喝得更多。

我想起了乔治·克雷布[1]关于“酩酊大醉”的诗句：

> 瞧！那可怜的酒鬼，其未经调教的感官
> 在麦芽酒中找到了极乐，不想再喝葡萄酒；
> 他的头以幻想为傲，却从没有人教他
> 驶离啤酒所带来的迷糊的狂喜。

我认为我们应该从克雷布和《摩登酒鬼》那里吸取教训，并通过在我们的文明中已经成为上帝真实存在的工具和我们接近上帝的方法的象征饮品，试着去理解有品德的饮酒和堕落的饮酒之间的差异。为了向希望统治我们的哀诉者和抱怨者呈现令人信服的答案，我们应该研究葡萄酒可以被包含在理性存在的道德生活之中的方式，以便增强，而非削弱他们的满足感。然而，我所说的话也适用于其他酒精饮料，依照它们像葡萄酒一样可以被包含进社会仪式中的程度，而这些社会仪式会带来快乐和理解，并一起消除绝望。

在正常情况下，我们尽力在喝醉时忠诚于我们自己，我们未受酒精的影响时希望隐藏之物，在受到酒精的影响时也努力不表现出来。我们已经开发的很多社交性饮酒方式，其目的都是实行严格的适度制度。例如，在酒吧里的一轮酒在允许人们践行负担得起的好客款待，以及控制摄入的速度和酒的流入与话语的流出之间的平衡

[1] 译注：英国诗人。

上，起到重要的作用。

我之前提到过那个旧时圣公会美德的伟大拥护者，乔治·克雷布牧师，蒙塔古·斯莱特改编自他的《彼得·格赖姆斯》一诗的剧本中不幸地存在一个瑕疵，那就是村民们喝醉时的样子被无情地描绘了出来。他们的言语意勾勒出封闭的和多疑的社会，而彼得被排除在这个社会之外，这些言语也表达了斯莱特对于小酒馆文化的势利态度：

> 我们生活，让别人生活，看啊——
> 我们将我们的手放到自己这里。
> 我们坐下来喝一夜的酒
> 不屑于去想我们每天咀嚼的反刍食物
> 而是轮流买酒！

事实上，在酒吧里轮流买酒的习惯是英国人伟大的文化成就之一。它使得人们不怎么花自己的钱就能做出慷慨的举动，不用冒着因此而破产的风险。它使得每个人都能使自己区别于他的邻居，并在他对饮品的选择中描绘出他的个性，而且它通过轮流给予每个人热情好客的朋友的形象，而逐渐导致感情在饮酒者的圈子里升温。在希腊的会饮中主人独自表现出给予者的形象，而轮流买酒的习惯，在某种程度上，是对希腊的会饮以及公共休息室和郊区住宅在道德方面的改进。成轮喝酒使得即便是少言寡语和受到压迫的人也能短暂地接受其邻近之人的感谢、感激和尊敬。用我们统治者的行话来说，它是“社会融合”的典范。而不足为奇的是，人们现在做的一切努力都确保了这一习惯的消失。

斯莱特剧本中的瑕疵被布里顿[1]的音乐大大修复了，布里顿的音乐在切分音的和弦之上齐声演奏的热情旋律中，与饮酒者联系在一起，并展示了，如果格赖姆斯被排除在外，那是因为在公共饮酒中确实存在一股构建社会的力量。不仅仅是格赖姆斯远离了姑妈的茶水间带来的亲密感。酒吧里还有另一个局外人——赛得利夫人，她惊骇地发觉自己身处冒着啤酒气息的同伴之间，她对于鸦片酊的需求迫使她进入社交圈，而且作为瘾君子，她无法将他人看作除满足她的渴望的手段之外的其他事物。布里顿向我们展示了公共饮酒的社交好处，以及那些从食之无味且毫无礼貌地吃掉的东西中找到刺激的人的不幸命运。

像啤酒或葡萄酒这样的发酵饮品不仅仅是一点酒精，绝对不能将其影响与烈酒，甚至是鸡尾酒相混淆。在上一章中，我表明了，受到葡萄酒影响的灵魂转变是对或许在50年前开始的另一种转变的延续，那时葡萄刚从葡萄藤上被摘下来。因此，当我们举起一杯葡萄酒到我们的嘴边时，我们在品尝一种有生命的事物。仿佛葡萄酒是在任何联谊会中的另一个人类存在，和在场的其他人一样是兴趣的焦点。

---

[1] 译注：英国作曲家。

对发酵饮料的社交功能的这种理解已经以千百种方式成为西方社会的一部分。它最为明显的表现存在于“祝酒”的习惯之中。人们在庆祝时举起自己的酒杯，向其他人和他们的活动表示自己的敬意，并证明自己准备好将这种仁慈的感觉当作心灵的一种复活而接受。对葡萄酒社交优点的承认也出现在了伊斯兰教的世界中，出现在哈菲斯、鲁米和奥玛·海亚姆的诗歌中。

中世纪的穆斯林哲学家对古典思想的传播起到至关重要的作用，这一点在思想史中是为人熟知的。在我自己的学术专长中，也就是音乐哲学中，我认识到，只有一位伟大的哲学家曾经写过一本完全致力于该观点的书，那就是阿尔法拉比。他本身是一位卓越的音乐家，他的工作是努力尝试协调新柏拉图主义的宇宙和谐理论与早期阿拉伯音乐的风格。另一个让我感兴趣的事是，没有一部涉及动物道德地位的西方杰作比得上《神灵之王之前动物与人类的抗辩》，该书是由生活在我们这个纪元10世纪和11世纪新月沃地[1]的哲学家团体“精诚兄弟会”所编纂的。庄严之爱的想法（从中衍生出了非常多的中世纪文学作品）从安达卢西亚[2]进入欧洲，并在阿维森纳的著作中发现了它最初的神学基础，而安萨里和阿威罗伊之间关于哲学知识的本质和局限的争论如今和它最初被确立时一样有意义。

但是在那一伟大而又好争辩的文化身上发生了什么事呢？比如

[1] 译注：西亚伊拉克两河流域连接叙利亚一带地中海东岸的一片弧形地区。

[2] 译注：西班牙一自治区。

说，你将在哪里找到那些哲学家作品的印刷版本？当然是在美国的大学图书馆里，而不是在大马士革或巴格达的书店里。

在大约30年前，爱德华·萨义德[1]出版了他影响深远的书《东方主义》，他在这本书中谴责了研究和评论中东社会、艺术和文学的西方学者。他创造了“东方主义”这个词来表示对于东方文明污蔑的和居高临下的态度，他在所有想要描绘它们的西方尝试中识别出了这种态度。根据萨义德的说法，东方在西方的眼里是作为病态懒惰和空想做梦的世界而登场的，没有在西方价值观中被奉为神圣的活力或勤勉，因此也就与物质资源和智力方面的成功相割离。东方被描绘为“他者”，是不透明的反光镜，西方的殖民入侵者在里面除了自己发光的面孔之外看不到任何东西。

萨义德用昂扬、睿智的散文来阐述他的论点，但是只用了在东西方之间的非常狭窄的邂逅范围中精挑细选出的引语。尽管他对西方对于东方的描绘不屑一顾，但是当谈到评估谁一直对谁不公正的时候，他没有特意去检验东方对西方的任何描绘，或是做出任何比较性的评判。

萨义德在攻击一种学术传统，公平而论，这一传统可以宣称是西方文明真正的道德成就之一。启蒙运动的东方主义学者创造了或是启发了已经进入西方遗产的作品，从加朗1717年影响深远的《一千零一夜》的译本，到歌德的《西东诗集》和菲茨杰拉德的《奥

---

[1] 译注：巴勒斯坦裔的文学理论家、批评家。

玛·海亚姆的鲁拜集》，再到席曼诺夫斯基的哈菲斯乐曲、马勒的《大地之歌》、T.S. 艾略特对印度的调用以及庞德对儒家《诗经》的翻译。当然，这种传统也是一种挪用，即从西方的角度重制东方的材料。但是为什么不将其承认为一种敬意，却说它是一种冷落呢？如果你对其他人的作品从根本上看作“他者”，你就无法将其挪用。

实际上东方文化还欠着西方学者的人情呢。18 世纪当阿卜·杜勒·瓦哈比在阿拉伯半岛创建他的伊斯兰教形式时，他烧掉了包含不赞同他的思想的内容的书籍，并砍掉了反对者的头，那时威廉·琼斯爵士[1]在搜集和翻译能找到的所有波斯和阿拉伯诗歌，并航行至加尔各答，他在那里成为一名法官，成为印度语言和文化研究的先驱。

如果东方主义学者有过错的话，那也并不是他们居高临下的或是殖民主义的态度，而恰好相反，是他们按照李察·波顿爵士[2]和 T.E. 劳伦斯[3]的方式“入乡随俗”的可悲倾向，让他们用对伊斯兰教文化的热爱去取代他们对于人民的认知，以至于他们像劳伦斯一样没能认识到人民和文化不再有许多共同之处。尽管如此，他们的工作仍然是对西方文明的普遍性的杰出致敬，而且现在由罗伯特·欧文[4]在一本书中证明是正确的。这本书表明，萨义德的《东方主义》是半

[1] 译注：英国东方学家。
[2] 译注：英国演员。
[3] 译注：英国的中东专家。
[4] 译注：英国作家。

真半假陈述的组合。[1] 欧文揭露了萨义德书中的错误、疏忽和谎言。而萨义德在我们的大学里受欢迎的主要原因是他提供了反对西方的弹药，而这一点如果之前并不明显，那现在也很明显了。

然而，这是一个令人沮丧的结论。因为许多被任命为西方文化卫士的人，似乎都会利用无论有多少缺陷的任何论据，以及无论有多虚假的学问，来诋毁他们的文化遗产。这使得我们现在仿佛也在进入一个文化自杀的时期。先轻视一种观点，并最终将其忘记，而这种观点引领那些高贵的东方学者承担起一项只有潜心于西方文化的人才会渴望的任务，即拯救自己的文化之外的一种文化。照我看来，这确实是狂饮的真正意义：它是已经失去自己文化的人想要用瓶装的替代物来填充自己头脑的一种尝试。

鉴于此，在我看来我们别无选择，只能承担起“西方的负担”，并追随那些东方学者进入那个缺口。我们的职责不仅仅是告知年轻人他们正在失去什么文化，还要帮助我们的穆斯林邻居们回到他们的文化中，让他们了解存在着让《古兰经》的戒律适应不断变化的社交世界的阅读方式。

《古兰经》抨击葡萄酒是“恶魔的诡计”，同时坚称天堂中满是葡萄酒的河流“对于那些饮酒之人是一种快乐”。我将利用以下一段“伊智提哈德”来使这些表达和谐一致：葡萄酒不是一种权利，而是

[1] 参见2006年于伦敦出版的罗伯特·欧文的《了解的欲望：东方学者及其敌人》。

一种奖赏。不应享受葡萄酒而去饮用葡萄酒是一种罪过，但一旦价值的问题以有利于你的方式得以解决，你就可以参加正直之人的酒会。的确，对于虔诚之人来说，这个问题只能在死后得以解决。但是预料那件事并在现在自行喝上一两杯只是最为轻微的罪恶。请注意，这是《一千零一夜》所采取的态度。《古兰经》对葡萄酒的否决被尊重为一种凡人无法轻易达到的理想状态，而违反这一否决当然会被慈爱之神所宽恕。已有些让人愉悦的伊智提哈德形式被提供了出来，为的是使虔诚的生活与偶尔想来上一杯的需求相调和。[1]

《古兰经》在一个方面是正确的，那就是撒旦可以利用葡萄酒，正如他利用所有美好的事物一样。偶尔的醉态可能被宽恕，但酒能够让人上瘾，而人们长久以来一直熟悉这种上瘾，正是酒精导致了上瘾。而如果我们想要理解我希望在本章中说明的“德行伦理学”的特定应用，我们就应该理解，上瘾确是一部分问题。

亚里士多德将美德看作两个极端之间的中庸状态的著名理论不应该被望文生义地理解。尽管如此，非常多的美德可以通过相对立的恶习之间的对比得以了解。看看我们城市的街道，醉汉在上面拳脚相加，四处呕吐，而傲慢的禁酒支持者则匆匆走过，心中满是杀意。我们看到了未来内战的开端，在这场内战中两种罪恶转而直面对方，而“愚昧的军队在夜里发生冲突”[2]。为了避免这一可怕的事

[1] 例如，参见第三十六夜提供给虔诚的谢赫·易卜拉欣的推理。

[2] 译注：英国诗人马修·阿诺德的诗句。

件，我们不仅必须教会禁酒者饮酒，还必须教会我们自己更好地饮酒，这意味着要教导我们自己将饮品融入一种被恰当地过着并为了他人而过的生活之中。

亚里士多德的美德理论也是关于道德教育的理论。他认为，学会为善是可能的，我们通过养成好习惯而做到这一点。我们起初可能并不希望养成这些习惯，也可能是我们得通过与它们的真正效用毫无关联的奖赏和惩罚被训练养成这些习惯。但是如果我们在年轻时没有养成这些习惯，想要改正缺陷就变得日渐困难，因为其他习惯已经被养成了。好习惯很难养成，因为它们涉及克服我们的自然倾向，约束我们的自然欲望，在我们的动机中腾出在恰当的时候可以被理性选择占据的空间。坏习惯很容易养成，因为它们源于自然的欲望，源自于允许即时满足去确定我们的选择。好习惯是美德，而坏习惯是缺点。两者的重要特征是它们不仅仅确定一个人在特定场合将要做什么，还确定了这个人的行为动机。勇敢之人不仅会坚决地直面危险，他还依照获得荣誉的动机而行动。对他来说做出其他行动是可耻的，而这种羞耻感已经被建立于控制他行为的习惯之中。怯懦之人屈服于恐惧，因他自私自利的激情而逃跑。

所有这些都已经被亚里士多德仔细说清楚了。而且很难否认它的普遍真理与我们现今情况的关联。此时孩子们通常随意发展，没有人费心去约束他们的欲望，或是引导他们沿着美德的道路前行。这一缺陷在节制方面尤为明显。豪饮只是一个特例，正如我们所知，还有暴食、狂看电视、疯狂上网、纵情色欲。在所有这些问题上，节制牵涉到回应放纵之人所沉迷的活动真正的社会意义。例如，节制饮食意味着在特定的时刻，在有人陪伴的情况下吃东西，而礼貌、礼仪和亲切的交谈将自然的欲望推到幕后。这种戒律的缺失在某种程度上导致了所谓的“肥胖”流行病。节制正如勇气和审慎一样，涉及耻辱的动机。有节制的人为在理智禁止欲望的环境下屈服于欲望而感到羞愧。在吃喝会将他们展示为动物欲望的走卒时，他们会克制吃喝。他们对吃、喝和性兴趣的社会意义有警觉，而且会因自己的行为感到羞愧，仿佛他们对这些事情的欲望会使他们同伴对自己的尊重黯然失色。

因此节制涉及获得希腊人称为谦虚的动机，他们将其理解为一种对对方的尊重，以及在他面前感到羞愧的意愿。这种动机不是胆怯或羞怯，恰好相反，是一种对对方的坦率，对对方的判断的重视，以及对完整的相互关系的追寻。希腊人将谦虚视为对抗坏事的主要防卫，没有把葡萄酒看作对其实践的阻碍。正相反，会饮文化将谦虚当作自己的目标之一。柏拉图在《法律篇》中多次提出了这一点，他将葡萄酒描述为用于灵魂中生产谦虚的一种药物。品达[1]有同样的想法，并将其写在第 9 首《尼米亚颂歌》中：

和平热爱会饮，正如
新生的胜利之荣耀随着柔和的歌声而增长：

[1] 译注：古希腊诗人。

声音在搅拌钵边上变得大胆。
让人混合它，狂欢的甜蜜先知，
在银质的杯子中传递
葡萄藤强大的孩子。

这种对对方的崇敬，如品达所说，是和平之道，是向要求并给予宽恕的有意识的步骤。因此葡萄酒如果被恰当地饮用，就能够构成节制教育的一部分。正是出于这个原因青少年应该明智而审慎地接触它，而不应该像在美国一样，在他们学会了纵情于其他所有事物之前都被禁止品尝葡萄酒。

当亚里士多德使美德的观点成为道德哲学的核心时，它处于实践推理的特定理论的背景之下。他认为，“实践三段论”的大前提不是一种信仰，而是一种欲望。欲望源自习惯，而好习惯就是那些在正确的欲望中自我表达的习惯，而这些欲望的满足会带来幸福(eudaimonia)。美德是想得到真正满足我们的事物的倾向。品性好的饮酒是节制的一个方面，但却是以希腊的意义理解的节制（中庸），正如对一种自然欲望的适量运用，而非断然拒绝释放这种欲望。想要理解何为适量，我们应该研究我们经由饮品而得到改善并在饮用它时而得到满足的环境。这主要应是一种社交环境，在这种环境下，沟通的障碍被饮品的流动不断销蚀。但并非一切有同伴陪同的饮酒方式都是好的。品性好的饮酒者是将饮品融入大爱或邻里之爱的事业之中的人。堕落的饮酒者是因饮酒对他的邻里造成威胁，并缺乏自主性责任的人。如果你按照我的推荐去饮酒，按照旧时葡萄酒文化鼓励的方式去饮酒，你也可以加入品性好的饮酒者的行列。酒如果被合理利用，对谈话是一种刺激，可以缓解尴尬，并提醒我们生活和其他人的存在都是一种赐福。这种仁慈的和富有洞察力的精神状态同轻率的饮酒很容易导致的虚假的多愁善感之间只有一线之隔。而酒后吐真言的古训对于醉酒来说并不正确，但对于那些起初朝醉酒努力的人来说却是正确的。酒后的激情声明，无论是关于爱情、愤怒、宽恕，还是悲痛的，都被一种危险的谎言感染了，都是恶习的精神果实。

亚里士多德认为，醉酒时犯下的罪行应该比清醒时犯下的罪行得到更加严厉的惩罚，因为它们不是一个错误，而是两个错误：触犯他人，以及对自我的冒犯，对自我的冒犯来自于对理性判断力的破坏。然而，偶尔的醉酒应该与习惯性醉酒区分开来。在个别场合过多地喝酒的人在其后续的不当行为中，不会表现出恶毒的性格。此外，他失去判断的影响不能提前预知，因此不当行为不在他饮酒的最初意图之中。莎士比亚在悲剧《奥赛罗》中很好地阐释了这一点。伊阿古用葡萄酒给卡西欧下毒，结果卡西欧失去了自己的判断力，开始醉醺醺地吵嚷。后果很严重，卡西欧变成了伊阿古的邪恶阴谋中不知情的帮凶。随后伊阿古用一种想法给奥赛罗下毒，此处毒药存在于意图本身之中。在两种情形中，两个人的灵魂都被装满了谎言：卡西欧的是暂时性的，而奥赛罗的则是永久性的。这种谎言在粗鄙的行为、判断力的缺失和不能恰如其分地看待事物之中显露出来。在奥赛罗的情况中，不能恰如其分地看待事物将爱变成恨，并将婚姻变成谋杀。但是卡西欧体内的毒物很快就被排出了，没有变成一种习惯，恰恰就是因为判断力能够再次获得其主权。奥赛罗体内的毒物不能被排出，因为它是判断力本身产生的毒物。而这部戏剧提出的问题就是，奥赛罗本身是否应为此负责任。

两段简短的格言被雕刻在德尔菲的阿波罗神庙大门之上："认识你自己"和"凡事需适度"。两条格言是相关联的。想要认识你自己，你就必须保持中庸。亚里士多德认为，如果你想要快乐，你就必须培养美德，而德行好就是在避免极端。这并不意味着你应该胆怯、禁欲或极度拘谨，因为那些也是极端状态。它意味着你应该让自己的激情与其对象相匹配，在该发怒的时候感到愤怒，在需要欢乐的时候感到快乐。这就是中庸之道，即贺拉斯的"aurea mediocritas"（中庸之道）：不是激情的缺失，而是激情之间的平衡，这种平衡让自我来负责。

这一古老的智慧被用于道德生活、礼仪和艺术。邪恶意味着欲望对理性的侵蚀。不讲礼仪意味着对他人的忽视，这也是在欲望接手时出现的。低级趣味意味着粗俗、粗糙和情感混乱，即缺少谦虚。想要获得快乐和平静，我们必须摒弃所有这些过度状态，并让受理性支配的适度替代它们的位置。

古代对适度的这种追求提醒我们，美德如果想成为人类可以实现的目标，那就应该被塑造成人形。圣人、僧侣和托钵僧可能实践全面的禁欲，但是相信禁欲是通往美德的唯一途径是在谴责其余人类。更好的做法是提出适度的方式，并从而和你的同类友好地共存。至少在蒙田[1]看来是如此，在我看来也是如此。适度是我们都能够认同的人生选择。它是“道”，是孔子的正确道路，是通往启蒙的道路。即便是理性对抗激情的坚定倡导者康德也承认，让激情为理性所用要好于全盘否定激情。中庸之道通过平衡，而非否认来达成。

保持平衡的杂技演员不允许任何一个动作压过其他动作，他一直避免四肢的冲突冲动，来追求整体的和谐。平衡的绘画里，一幅画中所有的力量线条都融合为一体。平衡的判断要听取各方的说法，力图在其中做出合理的选择，不受意见之争的影响，以便追求共识。在每个领域中平衡似乎都需要两件事：对比和决心。对比可以是观点的对比、感觉的对比、动作的对比、欲望的对比。而决心出现在我们上升到另一个层面之时，以便进行理性的辨别或控制。在拒绝被任何一种观点、任何一种渴求、任何一种欲望或动作直接引领时，我们达到了平衡，并且为了真理与和谐而同所有这些保持一定的距离。

因此，当我们提及过度时，我们并不是指我们欲望的强度或紧迫性。并不是性欲的强度造就了强奸犯或是对情色上瘾的人；并不是口腹之欲的强度导致了肥胖或豪饮。在每种情况中，过度意味着缺乏控制，而缺乏控制意味着你没能给予你的冲动可能带来的众多不利影响应有的重视。亚里士多德认为，让士兵勇敢的不是缺少恐

[1] 译注：法国作家。

惧，那仅仅是愚蠢；也不是对敌人的狂怒：那是鲁莽，和怯懦一样是一种恶行。勇气是在恐惧和狂怒之中还有能力与两者保持一定的距离，做荣誉所需之事。美德不意味着抑制我们的激情，而是要战胜激情，到达理性可以占据之处。勇敢之人是克服恐惧之人，而不是感受不到恐惧的人。

过度在本质上是使人上瘾的。懦夫起先逃跑，然后马上就养成了习惯。对情色上瘾的人、豪饮之人和欺凌弱小者也是如此，每个人都做出了让他更有可能再去做的事情。当你屈服于一种冲动，不允许相反的考虑阻止它时，你削弱了自身抵抗它的能力。因此过度导致过度，坏习惯变得更糟。

此外，人的兴趣依靠的是对比。通过竞赛和变化实现的愉悦从不会自我重复，总是新的。而通过屈服于一种冲动而实现的愉悦是重复的，因此它会很快被厌倦，也因此会被不断地加强。我们在暴力和色情电影的案例中看到了这一点，在这类电影中，观众随着自己愉悦感的减弱而快速从较为温和的版本进展到更为猛烈的版本。只有对系统的不断冲击可以维持源自对系统的冲击的欲望。这就是在还有系统可以冲击的日子里审查制度存在的原因：因为一旦我们踏上了这条路，在走到终点之前就无法止步，而这也就是完全堕落之路。

天堂中可能存在的葡萄酒将被品行端正的灵魂饮用，所有越轨行为都从这些灵魂之中被剔除。然而，在尘世间，过度埋伏等待着我们，设立起我们在周围看到的那些成瘾模式。狂怒成瘾和肉欲成瘾一样难以治愈没有人会质疑，酗酒狂导致的毁灭与天罚狂导致的是一样的：两者是不能平息的需求的相同表现，同样无法撇开灼烧他们的酒杯，同样利用感伤的梦境消除了现实。因为存在愤怒和暴力的多愁善感情调，这完全和爱情的多愁善感一样具有破坏性。在两种情况下，根本想法是“看着我，感觉这一点——我有多正直，我坐在我自己情感的圆圈之内有多么合情合理”。对于感伤主义者来说，没有其他人，只有自我，而情感的对象，无论是爱的对象还是恨的对象都被建立起来以满足一种需求。他的情况说明了所有形式的恶行的根本特征，也就是自恋——拒绝承认其他人的现实的短路的自爱。

或许没有谁比陀思妥耶夫斯基更好地描述了上瘾给灵魂造成的影响，他在《罪与罚》开始部分在马尔美拉陀夫这一人物的塑造中给出了这样的描述。陀思妥耶夫斯基很了解这一问题，他自己的赌瘾继续迫害着自己及家人。醉酒的马尔美拉陀夫精确地指责了自己，将自己恶行的真相揭露给吃惊的拉斯柯尔尼科夫，并用感性的言语悲叹自己妻女的磨难。可是他的心理剖析完全不起作用。他说的不是自知之明，因为它与意志，即做决定的那部分他，那个“我”没有关联。而那就是那两条神谕铭文的意义：自知之明伴随适度而出现，因过度而销蚀。在描述他的恶行及其影响时，马尔美拉陀夫用了“我”这个字，而其他人则可能会用“他”这个字，这精确记录了一个对象的行为，而作为主体的他则退缩到酒瓶带来的安慰之中。这就是我们应该理解多愁善感的方式，也就是实际上是损失自我的自私自利。它事实上无法对世界负责，或是无法将他人的需求看作对“我”的要求。“我”这个上瘾者脱离了世界，与安慰“我”并毁灭“我”的需求单独地在一起。

当一位穆斯林朋友向我叙述她与一位邻居的对话时，我想起了马尔美拉陀夫。那位邻居的女儿因为包办婚姻要被送回巴基斯坦。那位男士特意到访来放纵自己对于女儿的伤感悲痛，他知道我的朋友会是一位热心的听众。他悲哀地详细叙述了女孩的不幸、她萎靡的绝望以及自杀的威胁，她对英国男友感到伤心绝望，她对自己的亲戚为自己命运选定的男子感到惧怕。当他描述自己女儿的磨难时，眼泪滑落他的脸颊，就像马尔美拉陀夫描述他使之堕落成妓女的女儿的磨难时落下的眼泪一样。但是当我的朋友抗议这位男子的可耻态度时，他突然停止哭泣，伸手去拿他的酒瓶，那是有毒的一饮，他用它来诅咒英国和英国人。他最终在狂怒中离开了，说他的女儿将会按照被告知的方式去做。

所有这些都跟鉴赏葡萄酒有很大的关联。在我们所饮用的葡萄酒中有美德和罪恶，正如我们饮用葡萄酒的方式之中也有美德和罪恶一样。此处美德也存在于平衡中，而平衡指的是截然不同的品位的调和与超越。我作为葡萄酒迷的生涯在德斯蒙德给我那瓶来自尼古拉的很普通的普里尼—蒙哈榭葡萄酒时，有了巨大的进步。我现在说“很普通”，但是我当时的第一个念头就是，这葡萄酒根本就不是一般的葡萄酒，不只是葡萄和阳光进入了其酿制过程之中，我意识到，多出的东西涉及知识、技巧、耐心、文化和历史。如果现在我被要求去说明是什么将规范酿制的勃艮第白葡萄酒与霞多丽酿成的所有其他版本的葡萄酒区分开来，我会毫不犹豫地说是“平衡”。这是一种内部没有一个特质会让其他特质相形见绌的葡萄酒，所有特质看起来都共同合作，分解为一个包容性的整体。这就是为什么当许多分层中不管哪一层闪耀至表面并暂时引起人注意时，愉悦总是新的。

稍加思考就可以分辨出在一种伟大的葡萄酒中贡献味道的成分来源。例如，赋予了普里尼葡萄酒与众不同的黄油味的乳酸，带来些许香草味的橡木，在舌头上大笑的苹果酸，泥灰和石灰岩的矿物共振，在空腔里和随后的体味中将每一口转变为一系列逐渐释放出的味道的悠长之味。你可以至少在某种程度上将味道分开，并对某丝分解的味道感兴趣。而你会发觉，有些丝丝缕缕的味道是可以被模仿并增强的，以便成为想赢得即刻专属关注的有力竞争者。

因此，通过增强霞多丽葡萄酒中的橡木味，你可以通过其味道，而非通过其地理或历史来给葡萄酒打上印记，地理和历史都因这样的现代过火行为而黯然失色。不久你就能创造出一种受欢迎的味道，因为这种味道依赖于高谈阔论地坚持己见，所以它会迅速导致所有与之完全不同的味道的消失。在新西兰和西西里能酿造出一样好的橡木味的霞多丽葡萄酒，在南非和加利福尼亚州也是如此。有些制造商甚至省掉了橡木桶，将橡木刨花放到大钢桶里，这种做法与通过添加松脂来酿制热茜那葡萄酒很相像。

这个例子完美阐释了从平衡到过度的路径。平衡很难达到，需要去训练欣赏的能力，并将你送到和谐、宁静和具有辨别力的领域。然而，强调一个特征、一种欲望、一种吵闹的冲动，你就不再需要让自己为平衡而烦心了。你会创造出一种味道，这种味道不是基于抑制某事物而出现的，而是基于让其自由发展。你将会发起一种新的过度形式。而由于过度又会产生新的过度，所以你会发觉自己越来越被迫去强调你的产品与众不同的特征，可能是橡木味、松香、高酒精含量、可以从西拉葡萄酒中挤出的浓烈而又直接的果香，或是快速发酵的赤霞珠葡萄酒的醋栗口喷物。

我感觉到新品牌葡萄酒的过度和它们所辅助的文化的过度之间存在关联。以德国为例，在那里雷司令葡萄已经经过了数个世纪的培养，以酿制极为精妙的慢熟葡萄酒。这些葡萄酒被装在漂亮的瓶子里送到我们面前，瓶子上写有莱茵河流域及其支流历史悠久的村庄的名字，这些葡萄酒香气的复杂度和看似永恒的新鲜度都要归功于非常低的酒精含量，因此才有刚刚好达到成熟的状态。新的过度文化没什么时间去欣赏这样的葡萄酒，就像它没什么时间去欣赏莫扎特的音乐一样，而这些葡萄酒与莫扎特的音乐相类似。如今，德国人已经开始生产酒精度被迫高达 13% 并以品牌的名义销售的雷司令葡萄酒，产品宣传海报上游手好闲的英国青年怂恿同伴醉饮这种葡萄酒。在陈年德国葡萄酒中你可以品尝到所有让德国人出众的美德：他们的勤勉、克制、精确、学识和恋家。而在新酒中，你只能品尝到他们同我们分享的罪恶。

螺丝帽属于同样的过度文化。对于天真的观察者来说，软木塞在那里只是为了将葡萄酒保存在酒瓶里，避免空气进入，结果一小部分，实际上是非常小的一部分佳酿被“软木塞塞坏”了，也就是说，被有缺陷的塞子给糟蹋了。对于这样的观察者来说，螺丝帽就是解决上述问题的答案。我会恭敬地反驳说，用软木塞的风险对于固定仪式来说是必不可少的。饮用珍贵美酒之前是详尽的准备过程，这一过程与古代宗教祭祀之前的斋戒沐浴有很多共同之处。酒瓶从某个神祇守护的秘密地点拿回来，被虔诚地端上桌，擦掉灰尘。人们用缓慢且优雅的动作拔掉瓶塞，同时客人在充满敬畏的沉默之中旁观。之后突然出现的“砰”的一声就像是圣餐的铃声，标志着事情安排中伟大的分界，即酒瓶带来的静物和葡萄酒带来的静物之间的分界。葡萄酒随后必须被摇晃、深吸和评论，而只有当所有这些都适当地完成，葡萄酒才能用仪式祭祀一般的方法被倒入酒杯中。

适当呈上的葡萄酒放缓了所有事情的速度，建立起轻柔啜饮的节奏，而非饕餮狂饮的节奏。软木塞的仪式提醒我们，无论你饮用的频率有多高，好酒都不是一件普通的东西。它是一位来自更为高尚的地区的访客，是友好关系的催化剂。简而言之，多亏了软木塞，葡萄酒才能脱离赚钱和花钱的世界，成为我们从砰的一声的先验中召唤出的道德资源。

螺丝帽的意义则完全不同。它瞬间就屈服了，不需要呈现的仪式，也不需要圣餐的音效。它用金属碎片使酒瓶变形：无法想象带有拧开的螺丝帽的静物。它鼓励速战速决、仓促地大口喝、纯粹以自我为中心地找点儿酒喝。它将葡萄酒降低为一种波普甜酒，并根据酒鬼的需求来打造葡萄酒。如果社交饮酒的仪式被豪饮流浪者的大量孤独感所取代，螺丝帽就会提醒我们自己失去了什么。

这一章中我的论述的要点在于，只有我们理解了葡萄酒是一种文化的一部分，并理解了这种文化拥有一种社交的、外向的、关注他人的意义，我们才能够为葡萄酒的饮用做辩护。葡萄酒的新用途则指向过度和上瘾，这些新用途在远离旧的饮酒方式，成为以马尔美拉陀夫为典型的饮酒形式。在旧的饮酒方式中葡萄酒被享受和品味，而马尔美拉陀夫则在需要的情况下握紧他的酒瓶。

当没有人是至高无上的，每个人都很自在地在公共场所坐在一起的时候，当那些人一起打发晚上的时间，抿着空间精神被储藏和增强的饮品，或许还抽烟或吸鼻烟，而无论如何都乐于用让人质疑的长寿的好处来换取友情的某种欢乐时，他们在灵魂中预演定居的原始剧目，这幕戏让我们的种族踏上文明之路，赐予我们与邻里相处的秩序和法治。然而，当人们在不对邻里感兴趣的情况下牛饮饮品时（除了大家作为采集狩猎的野蛮群体的平等成员之外），当他们唯一关心的是醉人的效果时，以及当饮品本身既不被品味，也不被理解时，那他们就是在预演文明之前的那段时期，那时的生活是孤独的、贫穷的、肮脏的、粗野的和短暂的（这是它唯一的优点）。可以理解的是，这种饮酒方式最初的和自然的效果就是面向定居的周围迹象表现出毫不留情的好战性，那是一种粉碎和破坏的冲动，用只有醉鬼才感到自在的被毁掉的废地来替代满是房屋、街道和公共建筑的有序世界。豪饮可能看起来是一种共同行为，实际上它是一种集体孤独的行为，这种行为的主宰不是巴克斯，而是那喀索斯[1]。

然而，此处我应该修正我的言辞，改为醉酒的特质也依赖于融入其中的意识的特质。传统道德憎恨醉酒，将其看作毁灭灵魂的罪恶，这无疑是正确的。可是，如果我们记得从真正的醉汉滚出的小角落里透入人类帐篷的光亮，我们就不会绝对坚持我们的谴责。想想透纳[2]，他独自和他的波尔图葡萄酒以及他的蜡烛在一起，他盯着烛光，直到那些被耀眼的阳光照射的风景出现在烛光中。想想波德莱尔，他一杯一杯地喝酒，直到他十四行诗形式的悲伤转变为一种快乐。尤其要想想那些著名的醉酒作曲家，他们的长期愿景翻滚过酒瓶，成为他们最终的和弦。只有一个真正的醉汉能够进入旧时俄罗斯的表皮之中，正如穆索尔斯基[3]在《鲍里斯·戈杜诺夫》中所做的那样。而我们应该将西贝柳斯[4]的灵感归功于芬兰的谷物烈酒，他夜复一夜地被人抬回家，他的身体是中毒的，而他的思想是离群索居的。

专家告诉我们，酒会烧掉脑细胞，束缚想法，并降低其范围和活力。西贝柳斯的交响曲让人对这种观点产生些许怀疑。尽管当这位作曲家让其大脑处于醉态时，他的交响曲确实变得更加寡言少语、

---

[1] 译注：希腊神话中爱上自己影子的美貌少年，其名 Narcissus 现用来指“水仙花”。

[2] 译注：英国画家。

[3] 译注：俄罗斯作曲家。

[4] 译注：芬兰音乐家。

更加瘦削、更加内向，但是他的音乐范围变得更宽广，有着更为深思熟虑的发展和更强硬的逻辑。第一和第二交响曲的随和的抒情之中，重复和固定音型是主要的构造装配，而这逐渐让步于诗意想法的聪明详述，正如在第五和第六交响曲中呈现的那样，由此又让步于第七交响曲的音乐辩论，而第七交响曲的无情逻辑有着与巴赫对弈所需的所有的必要元素。

确实在某种意义上来说大脑似乎停工了。但那不是因为它被破坏了，西贝柳斯生命接近终点时灵感的绝妙恢复就证明了这一点。在真正的醉汉的大脑里，生活本身是醉态的，其味道被归结为一种辛辣的本质，就像黄瓜收缩成腌黄瓜。酒瓶外的真正生活失去了它的味道，在与内部烂醉如泥的生活相比时变得空洞乏味。而醉汉坐在他的角落里，品味他内心的愿景，不费力地将这些愿景转录为曲调、言语或笔触，不在乎普通谈话的进行或礼貌的空洞姿态。爱管闲事的人可能把他抬回家，但是他们把他扔到哪里其实没什么影响，因为他的家就是酒瓶，在酒瓶里他梦想的创造物以它们的本质状态蜷曲、皱缩着。

我只在其他人身上见过这种崇高的状态。而尽管它可能给醉酒增添魅力，但它没有真正为醉酒申辩，当然也不能为没有文化和头脑之人的醉酒提供理由。因此，让我们回到对葡萄酒的真正辩护上去，也就是对有道德地饮酒的实践的辩护。这里有一种实践方式。首先让朋友环绕你四周。随后呈上某样本质上有趣的东西，如扎根于地域的葡萄酒，从某个受到优待的地方来到你身边，引起讨论和探索，并把注意力从你自己的感觉上转移出来，转而放到世界上。在最好的情况下，你可以将缺席的事物的精神召唤入从酒杯里升起的香气中。和同伴回味每一段记忆、每一个形象和每一种想法，谋求真诚并放松的感情，最重要的是考虑这个话题，忘却你自己。

我们需要去制造这样的场合，而我没有充足的时间或平静的心态去组织它们。然而，有几年，“在我们人生之旅的中点”[1]，我独自生活在伦敦，感受到对摆脱原有看法和体验的需求，以及对可能各自保留不同意见的一群朋友的需求，我在我的公寓里建立了定期的酒会。参加的人包括艺术评论家彼得·富勒、哲学家安东尼·奥西亚、政治学者诺曼·巴里、作曲家大卫·马修斯、小说家伊恩·麦克尤恩、心理分析学家朱立叶·米切尔以及哲学家塞巴斯蒂安·加德纳。我们的讨论是我所知的最富成效的讨论，部分是因为世界观的根本差异，以及在其他情况中可能引发不信任的深刻的紧张感。而使得那些讨论成为可能，并创造了观点各异的人们反而能从争论中学习的独特氛围的，就是葡萄酒的存在。没有其他饮品能像葡萄酒一样使我们言归于好，以便我们能够接受对方的观点，并从内部将它们理解为与人类系统相配的事物，不管他们的品位有多么让人吃惊。我记录了我们的会面，我有时会过去看看记录，因为它记录了真正的友情，那是我们瞬态干扰的世界中的稀有物品。而那些朋友中的一员就是葡萄酒，这不是要否认阿奎那在讨论友情时写到的

[1] 译注：但丁《神曲》开篇的诗句。

“谈到和葡萄酒或一匹马的友情是在胡说”所表示的意思。

然而，我搬到这个国家之后，有一段时间我独自和一匹马一起生活，并尽力达成阿奎那认为是不可能的另一种友谊。这的确不是我的首次独居经历。正相反，一生之中，我屡遭一种形而上学的孤独，从万物之流中滑落，为的是与自己的思想独处，并难以与其他人连接起来。最终（尽管并非由于摩根·福斯特）我学会了连接的艺术。然而，回顾过去，我从葡萄酒中学到的大多数东西都是在独处时学到的。我的饮酒行为并非一直是品性好的，尽管我不时尝试实现这一点。但是它也不是堕落的，因为它已经完全融入了我认识并热爱偶然存在的世界的尝试之中，这些尝试中有许多比我希望的还要孤独。

我从伟大的中国诗人李白（701~762 年）那里得到了启发：

花间一壶酒，
独酌无相亲。
举杯邀明月，
对影成三人。

月亮现在照入我昏暗的窗户，我举起一杯有着月光本身上浆的白色简洁感的梅肯—梭鲁特葡萄酒，对着我在地板上的影子，他举起自己的酒杯以示友好的问候。

存在和大吃大喝

我们社会里对饮品的滥用是对快乐的一般滥用的一个方面。大爱的规则告诉我们：其他人优先；我们不是为了索要好东西而存在的，而是为了给予好东西而存在；快乐本身并不是目标，而是会从我们播种的爱之中收获的成果——这条规则遭到了我们现代教育家的嘲笑，在现代生活的背景中，在喋喋不休的屏幕上，也没有一席之地。即便耽于思考的葡萄酒迷能够逃脱周遭的疯狂，进入某个思想受到允许、美德受到鼓励、友情得以享受的方便的庇护所，但是他会遭遇两个令人敬畏的对手：享乐和仇视。其中一个被巴塔耶[1]和巴特[2]挑选为文化的真正目标；[3]另一个被尼采挑选为文化意料之外的果实。一个成为快乐之神，另一个成为爱的敌人。在知识领域，前者以法国知识分子诙谐的享乐主义为典型，后者以英美学术圈中

[1] 译注：法国评论家。

[2] 译注：法国文学批评家。

[3] 参见 1957 年于巴黎出版的乔治·巴塔耶的《色情》，以及 1973 年于巴黎出版的罗兰·巴特的《文本的快乐》。

的灰色大师提出的“社会正义”的哲学理念为典型。

享乐的哲学从1968年的事件起就一直主导西方的文学研究，允许每种犯罪形式成为对资产阶级力量的“结构”的挑战，并将快乐转变为生活的目标。正如我所读到的，这就是米歇尔·福柯的性史和雅克·德里达[1]的“解构”所传达的信息。而且它是自乔治·巴塔耶首次将色情提升到我们的社会情绪中一度被爱情占据的位置起，就一直通过法国文化得以重复的信息。想要将快乐当作目标追求，藐视妨碍快乐的传统和机制，抵达一个人任性的乐趣的圈子，并在那里沉思他们的空虚，这在我看来就是塑造人文学科新课程的虚无主义者教给我们的东西。而他们要传达的信息由吓人的官样文章保护起来以免受批评，那些官样文章就是它的武装。

在我看来，以“社会正义”的哲学理念作为思维方式同样有害。正如罗尔斯[2]及其追随者详细说明的那样，那不是致力于将正义改造为人类行为和动机的特征的哲学，而是致力于将正义改造为一种社会条件的哲学，不管那种条件是如何出现的。[3]这种思维方式鼓励人们相信所有不平等也都是错误的，我们“有资格享用”任何可能会使我们摆脱逆境的物品，正义不是尊重他人及其自由，而是将受管制的平等施加到每个人身上，不管他们的能量、天赋、协定或目的如何。

[1] 译注：法国哲学家。

[2] 译注：美国政治哲学家。

[3] 参见1971年牛津出版的约翰·罗尔斯的《正义论》。

从这一观点来看，在“公正的社会”中没有对牺牲、服务他人或给予恩惠的需求。如果消除贫困的办法是一种“津贴”，那这种方法就不能是提供给受难者的礼物，因为它理应是他的。受难者也不应该心怀感激，因为那相当于否认他自己应得的事物。在最近一部旨在将罗尔斯主义的理论带到下一个“正义前沿”的作品中，玛莎·纳斯鲍姆[1]告诉我们，正义的理论必须直面那些有出生缺陷和其他残疾的人所遭受的“不公正”，也必须被扩展至授予动物权利。[2]纳斯鲍姆以这种方式看待所有的磨难，即将其视为必须改正的“不公正”，她是在假定我们能够纠正存在的偶然性，我们能够征服命运的事故，使之成为一个至高无上的和必要的方程式。而不可避免地，那将意味着创造一个全能的国家，能够掌管一切，能够将女神福尔图娜[3]驱逐到人类世界微暗的边缘。这种机械国家将强加一种与我们想要的、打算做的、赞成的或谋求的都没有关联的秩序，而这一秩序最终将演变为赞成并实施不公正。我们难道没看过这种情况发生吗？更糟糕的是，纳斯鲍姆在拥护一个大爱在其中不再被理解的世界。

假设我们遵从她的建议，并看到修女会从贝鲁特北部遭受战争破坏的街道上救回的那些成为“不公正”的受害者的被遗弃之人；假设我们努力建立将会修正他们的命运的政治体系，而这一政治体

[1] 译注：美国哲学家。

[2] 参见1996年剑桥出版的玛莎·纳斯鲍姆的《正义前沿》。

[3] 译注：罗马神话中的命运女神。

系会通过尽可能地提供支配人类福祉的各种“能力”来修正那些人的命运。那受害者们在避难之地已经得到的珍贵礼物，也就是他们将要报答的爱的礼物是什么样的呢？而他们又能成长为什么呢？无疑这一礼物将不再被提供。他们收到的不是爱，而只会是常规的状态缓解，这种缓解永远无法弥补他们的巨大灾祸。他们学会的不是给予，而是接受，他们学会的不是感恩，而是怨恨。认为生活的意义可以在服务他人和牺牲中找到，这将是对他们来说陌生的观点，因为他们从不会为了更好的生存而做出这些行为，或是直面展示出他们作为人类的意义的那些人。

阿维森纳的抽象问题“怎么会有偶然的存在”可以有具体的回答。具体问题具体分析，我们会找到通往研究对象的主体性的途径，以便从内部理解每个存在，将内在当作灵魂的表现，即“世界的自我”。而每个存在的表现也会因为我们而改变。显得任意的事物反而被提交给一切所依赖的必然存在。存在随后就对我们有意义了，不是作为纯粹的存在或是“那里的存在”，而是作为“被给予的存在”。这就是宗教传递的信息，而我们通过邂逅我们自己内部的恩惠之灵而逐渐理解这一信息。

墨菲斯托费勒斯[1]向浮士德将自己描述为否认的精神，即否定一切的精神。与其相对的就是大爱，即沿着给予和牺牲的路径，一直在创造的精神。通过大爱，我们克服了自身存在的罪恶；我们认

[1] 译注：歌德作品《浮士德》中的魔鬼。

识到偶然性带来磨难，那不是为了让我们改造世界，而是为了让我们认识到那些带来偶然性的人与我们一样脆弱。我们凭借这种精神转化并逐步接受磨难和牺牲，并在其中找到理解我们的生活的道德秩序，而该过程可以被恰当地描述为一种“救赎”。尽管很难通过抽象论述的方式达到对其意义的理解状态，但艺术和宗教可以通过象征符号将我们带到那里。而葡萄酒既在沿途闪耀自已的光芒，也在其仪式的应用中将我们置于神秘的中心。

瓦格纳的《帕西法尔》[1] 开场以降 A 大调引出主题，之后连续 7 个音不合拍，通过不和谐的琶音上升并分解，富有节奏感，逐渐和谐且旋律优美，随后下拍至 C 小调。歌剧的主题通过序曲得以展开，表现为由受伤的安福塔斯在圣餐台上将面包和葡萄酒提供给大家，而人们又反过来给予他。这一主题在序曲中占重要地位是因为，圣餐的意义在音乐之中，而不是言语或行动之中。音乐在序曲悠长的交响乐性质的冥想中，向戏剧中引入了一种在音乐之外孕育的感情。

瓦格纳已经在《特里斯坦与伊索尔德》中用过这一技巧，《特里斯坦与伊索尔德》的序曲引发的那种情感，是听者早在他们能将其用语言表达出来或理解与它相关联的情况之前，就从音乐内部了解到的。在《帕西法尔》中，戏剧化之外的情感表现更为重要，因为戏剧中没有任何元素是在序曲中产生的感觉的完全依附。用艾略特的话说，圣餐是“永恒与时间的交点”，是从边缘向存在核心处的一

[1] 译注：瓦格纳的最后一部歌剧作品。

督。我们对于圣餐的情感没有人类对象，也没有与某种纯人类的戏剧相绑定。它源于包含在存在本身内部的原始渴望，根据基督教的观点，这种渴望在基督牺牲时成为现实。这种渴望不能简单地用言语表达出来，尽管它在音乐中可以立即被识别出来，不是被识别为对想法的联想，而是被识别为我们所听到的内容的意义，该意义通过旋律线而发展，要求后续的协调，由逻辑步骤引领至绝妙的回答性乐句以及朝向序曲尾声的哀伤的、安慰的、充满懊悔和欢乐的乐曲流逝。而在那里它消失在空中的巨大城堡之中，这座城堡是用占主导地位的第七个音调建造而成的，并未分解，而是像拂晓时的星星一样消融。

因此，第一幕末尾时呈现的圣餐，作为我们已经感受过的某种事物而来到我们面前，我们已经不止一次地，在序曲中，也在演出之外的某一刻，感受到它。这一时刻是认可的时刻，也是冥想的时刻。我们直接但又无言的直觉体验了情感逻辑，这一情感逻辑引领我们从不道德的行为开始，通过磨难和牺牲，达到宽恕。这就是救世主的恩赐，即他带来了宽恕，因此也带来了自由——没有愤恨，不把彼此视为工具，这种观点来自于对我们自己利益的追求。救世主以自己为榜样净化了团体，表明即便是对那些憎恨你的人，即便是在磨难的极端情况下，给予也是有可能的。而他被钉在那个十字架上，要求宽恕折磨他的人，这在某种意义上不比讲述他这么做的故事重要。我们通过移除仪式的偶然性来理解故事，来理解我们面前的舞台上的仪式。这一仪式不是偶发事件，而是必然法则的不断重演。此处每天都上演救赎的奇迹，即在献祭羔羊的血液冲刷掉团体的怨恨时，团体的复兴。

为什么这个仪式这么重要？为什么葡萄酒应该是它的一部分呢？基督教的“感恩”或圣餐（最早的基督教社团所用的说法）是由犹太人的节日餐传统发展而来的，在这类节日餐中葡萄酒作为慈爱的上帝给予人类的快乐的一个标志，是必需的。这样的一餐以恩典开始：首先酒杯被举起，颂扬上帝为“宇宙之王，创造了葡萄藤的果实”，然后面包被撕开，分给同伴。这一美好的仪式因基督利用它来预言并仪式化自己的受难而被赋予了更多的意义，它在古代神秘崇拜中有其相对物，而面包和葡萄酒的礼物也属于与刻瑞斯[1]、普洛塞尔皮娜[2]和狄俄尼索斯相关联的仪式。这些并没有解释圣餐，只是增加了需要被解释之物。但是它指向了另一种看待事物的方式。节日餐是一种献祭，在这种献祭中同伴因恩赐而聚集到一起，在基督教看待事物的方式中，教徒也是因对至高无上的恩赐的记忆而聚集起来，这一至高无上的恩赐就是上帝自己，他作为献祭受害者去救赎人类的罪恶。从那次被牢记的牺牲中，从纪念它的“圣餐”举动中，基督徒获取了一种神秘的安慰，那就是通过爱而得到的重生感，这在乔治·赫伯特[3]创作却并未加以解释的诗句中被神秘地传达出来：

[1] 译注：罗马神话中的谷物之神。

[2] 译注：罗马神话中的冥后。

[3] 译注：威尔士诗人。

爱就是那种酒，甜蜜而又极为神圣，

我的上帝体验为血，而我则体验为葡萄酒。

瓦格纳的音乐同样不加解释地说到了这点。或许我们应该放下这个问题，将它托付给两位伟大的艺术家，一位是基督教牧师，另一位是对世界抱有不可知态度的人。

虽然如此，还是有人尝试着去解释了，勒内·吉拉尔[1]在一系列重要的研究中尝试去解释，与他持不同意见的追随者埃里克·甘斯[2]和其他各类评论家和神学家也都尝试去解释。[3]观点是这样的：我们人类在竞争的状态中毗邻而居，我们满心愤怒，这种愤怒源于仇恨，尼采的评论则是说，它源于耻辱、愤怒和破坏的欲望，而这些都是与另一个人竞争以争取获胜场面的自然结果。历史展示了当某个富有个人魅力的领袖揭掉这些愤恨的盖子时会发生什么。人们之后会渴望找到一个牺牲者，而这是人类状态的一个特征，也确实证明了原罪的存在，即如果需要牺牲者，就会找到牺牲者。

然而，实际上，我们已经知道表达愤恨并不会让我们摆脱它们，

[1] 译注：法国人类学家。

[2] 译注：美国人类学家。

[3] 参见勒内·吉拉尔 1972 年于巴黎出版的《暴力与神圣》，1982 年于巴黎出版的《代罪羔羊》；埃里克·甘斯 1985 年于加利福尼亚州伯克利出版的《文化的终结：走向生成人类学》，1997 年于加利福尼亚州斯坦福出版的《原始的思考：生成人类学的元素》。

暴力攻击犹太人、富农、资产阶级或任何人都不会净化我们心中的毒素，只会增加其毒液。只有一种东西能够净化我们，那就是提供和接受宽恕，宽恕不是限制仇恨的抵抗力而是摆脱仇恨的救赎。而在我们面前的完美典范使我们对于存在有了更高一层的认识。我们将自身全部的带有攻击性的负担强行转移给这个完美典范，还从他这里接受默许的爱。

我们的罪恶存在于事物的秩序之中，它一直和我们在一起，因此真正的救赎必须发生在时间之外，是无休止的重复赦免。救世主被我们选为这样的典范，他也是献祭的牺牲者，但是令我们吃惊的是，他宽恕了折磨他的人，并借此为我们指明了相互宽恕的道路。他的牺牲必须被重现，而我们自己必须成为其中的一部分。这样的事件涉及我们在世界中的存在的神秘性，不能只通过神学教义或心理分析来理解，还要通过另一种方式来理解，即通过仪式和冥想。我们在我们自己身上演练救世主的牺牲，和他成为一体，并因此上升到存在层面，这一层面高于并超越了愤恨，是救世主所在的层面。

正如我在第5章中论述的，葡萄酒在此处起到了重要的作用。它为我们展现了灵魂和肉体的原始统一——暖人心房的液体激发我们去冥想，似乎带来传达给灵魂的消息。它是通过在人体内的改变做到这一点的，使我们凭直觉感受到我们永远无法真正解释为真相的东西，即自由的主体和被决定的客体的绝对统一，也就是说作为灵魂的我和属于我的这具躯体是一体的。在圣餐中，这种直觉被戏剧性地加以应用。酒杯不仅是一种象征，还是一种重现。救世主的苦难就像他的宽恕一样被提供给我，成为我在世界的存在的一部分。我用这种方式恢复了我在事物的格局中的位置，收回我自己的自由，并把我的同伴看作自由的主体，我可以再次以爱的精神问候他们。

第 7 章的论述提醒我们，在建设包括友情和爱情的工程在内的我们所有的社会工程的过程中，存在着可以击溃它们的瘾，这些瘾用通往不幸的愉悦的下坡路替代了通往幸福的上坡路。对于酗酒者来说，下一杯酒优先于所有关系。性成瘾与此类似，尽管此处是另一个他自己（或至少是在形象上的表现）成了欲望的对象，以及自恋的快感的提供者。成瘾之人被其欲望所主导，失去了将他自己塑造成“我”的能力。而正是出于这个原因，而不是对于柏拉图写到的上升的性爱的担心，我们才应该谨防性欲设下的陷阱。

《帕西法尔》有一个有趣的次要情节，其中的核心角色是有精神分裂症的孔德里。这一次要情节的主题是性欲，被看作是从慷慨给予爱“堕落”到欲望。孔德里不理解救世主所给予的恩赐，并嘲笑救世主及其提供给她的牺牲之爱。作为惩罚，她被判为性奴役，以及承担来自将自己视为性欲对象的自我憎恨。她的自我憎恨非常强大，使得她将自己一分为二，渴望救赎的那部分无法意识到被困于肉体中的另一部分。

她的奴役者克林索尔本身也受到了奴役，尽管是被性欲所奴役的，而他力图通过自残摆脱性欲。但是以那种方式并不能得到自由，对他人充满情欲的方式不能被自我憎恨所根除，只能被爱所克服。克林索尔仍然被锁在上瘾的小范围循环之中，在疯狂的暴怒之中按下按钮，而快乐不再来自于那个按钮。在《帕西法尔》第二幕悲痛的序曲中，我们邂逅了克林索尔的灵魂，它展示给我们的是为了达到自己的目标而陷入愤恨，无法给予爱、恩惠或牺牲，而且除了对别人的落败感到高兴之外不知快乐为何物的样子。而在第三幕《圣星期五的奇迹》中，我们遇到了纯洁的救赎微风，其中所有不道德的行为都被宽恕的恩惠所消除，而每个人都去了解自己的邻居，从而再次生活在自由之中。在这两段插曲之间，讲述的是孔德里的救赎故事。

在上瘾的作用下，我们遭遇了现实的系统损失及其被幻想世界的取代。酗酒者、吸毒者和天罚狂人生活在他们自己构想的世界之中，这些世界阻挡了现实，让灵魂误入噩梦和幻想之中。克林索尔的城堡就是如此，帕西法尔一握住矛，这座城堡就和住在里面的所有人一起消失了，换句话说，戒瘾的解药一从其自身深刻的极端中被费力夺取到，城堡及其居民就消失了。从此以后，孔德里不再是分裂的自我，因为被囚禁于幻想的那部分她已经消失了。她终于可以被治愈了，而在第三幕她接受洗礼的音乐中，我们听到了她受到忽略的灵魂花园的非凡重建，那是一种痛苦的几乎无调的半音音阶，在勋伯格[1]式的序曲中开始，之后缓慢地呈现感觉和方向，最终在《圣星期五的奇迹》安详的 B 大调中终结。

当我们沉思事物的存在时，我建议我们尽力从它们自身的角度

[1] 译注：奥地利作曲家。

去看待它们，就好像每个客体也是一个主体，有理由存在，而不仅仅是一个目标。这就是《奥义书》所推荐的态度，而且偶然存在的偶然性正是从这一态度中变成我们所能理解的，即一种依赖的形式。但是当我们以这种方式寻找世界的灵魂时，我们究竟在沉思什么呢？基督徒会说我们在沉思圣餐。但是同样的观点也可以用印度教的词汇来否定。我们将世界看作一份礼物，将他人及其自由看得比我和我的需求还重要，并以牺牲的态度保护着这份礼物。偶然存在的世界经常被描述为被给予的事物，即资料。但是只有以冥想的态度我们才能知道这真正意味着什么。世界的给予性只有当我们的心灵被净化时才能透露给我们。这就是救赎的工作，而我们通过仪式，通过冥想，并通过来自两者的宽恕完成救赎。

将存在看作礼物的想法表达了造就世界的神圣之爱，该想法是伟大的宗教所共有的：我们在大法官狄俄尼索斯的《圣名之书》和其后安萨里的《哲学家的矛盾》、迈蒙尼德的《困惑指南》以及阿奎那的《大全》中，发现该想法被说明清楚了。但是该观点对于我们许多人来说，在我们的日常生活中还是封闭的，是一种想要实现的愿景，而非日常现实。那些时刻非常少有，但我在贝鲁特遇到了，当时赠予的爱（正如C.S. 刘易斯对它的称呼[1]）的实现和充分性被我们彻底了解到了。而这就是我们为什么要通过仪式和冥想来演练那些短暂的相遇，并给予它们我们在日常生活中能够提供的地位。

[1] 参见1960年于伦敦出版的C.S. 刘易斯（译注：英国文学家）的《四种爱》。

这就是《帕西法尔》在其对圣餐的扩展比喻中告诉给我们的。而这一直是这本书的主题。葡萄酒如果以正确的心态来饮用，会向我们展示那一比喻的意义，以及赠予的爱在其中占据中心位置的生活的价值。

附录　配什么来喝什么

APPENDIX WHAT TO DRINK WITH WHAT

配任何东西都不能喝的饮品　世界上充斥着关于不能喝什么的建议。各种各样品性好的产品中，例如说未经巴氏杀菌的牛奶。诚实的劳动和对生活的热爱为了你的利益而被提炼出来，而这些产品已经被健康狂热者禁止了。报纸上每周都有文章重复烈酒、碳酸饮料、咖啡或可乐给人体体质造成的伤害。在我看来是时候在所有这些废话之下画条线，并制定一些简单的原则了。

第一条原则就是你应该按你喜欢的量喝你喜欢的东西。它可能会加速你的死亡，但这个小小的代价将会被给你周围的所有人带来的好处所抵消。

第二条原则是你不应该通过你的饮用给他人带来痛苦。你想喝多少就喝多少，但要在快乐变成忧郁之前收好瓶子。具有压抑效果的饮品，例如说水，应该被少量饮用，而且只是用于药用目的时才饮用。

第三条原则是你的饮用不应该给地球造成持久的伤害。通过加速你的死亡，饮品不会造成实际的环境破坏，毕竟你是可生物降解的，而这可能是你最大的好处。但是一般而言，饮品销售时所用的容器却并非如此。在我成长时期，英国的品性还是好的，那时，饮品是放在玻璃瓶子里的，你要为玻璃瓶子额外支付两便士，这钱在你将瓶子退回给商店时是可以退还的。这种模范体系延续了很多年，直到它被塑料瓶的到来驱逐出市场，而塑料瓶是自发现化石燃料以来最大的环境灾难。

居住在城市里的人们与我们这些农村居民相比，没太意识到这场灾难，因为城市的街道不时地会被清理。然而，沿着任何乡间小路漫步，你每走一码左右就会见到一个塑料瓶，那是从路过的汽车车窗里扔出来的，永远躺在路边。堆积物每年都因特定的产品而有所增加，例如说葡萄适[1]和可口可乐，都为环境伤害增添了侮辱性的色彩。

我责怪饮品，同样也责怪丢弃其包装的人们。碳酸饮料的口味幼稚，瓶子上标注着品牌，引起了成年人中的“我”的反应。塑料的牛乳房的权宜之计、泡沫在喉咙里带来的愉悦感，以及液体落入腹中时满意打出的嗝，所有都足以缩窄饮用者的视角，并抹去对于在“我”和“我的世界”之外的世界的想法。而当瓶子从汽车车窗里被扔出来时那自鸣得意的姿态表明：“我是空间之王，这具躯体在空间中穿行。你们其他人都一边儿去。”这正是当幼稚的欲望在一天中的每个时刻都被秘密地放任时，我们必须预料到的心态。

因此以下就是我的第四条原则：不要喝任何装在塑料瓶里的东西。对塑料瓶和利用塑料瓶的公司宣战。拒绝每一家把牛奶放到塑料瓶里销售的超市，根据原则拒绝软饮料，如果你必须喝水的话，

---

[1] 译注：英国饮料品牌，包装为橙色塑料瓶。

只喝自来水。

最后一点观察：我在我们的路边发现过啤酒罐、水瓶、半品脱的威士忌瓶和苏打水纸盒，但是从没有发现过一个葡萄酒酒瓶。正如我们应该为卑劣的品质而责怪野蛮的饮料一样，我们也应该在我们的葡萄酒迷的体贴行为中看出他们所饮用的东西的美德。

柏拉图　柏拉图有一段话为每一种葡萄酒找到了合适的位置：一瓶好的干红葡萄酒将会带你以悠闲的速度通过《理想国》，而对于《斐德罗篇》来说，一瓶轻型桃红葡萄酒将会更为适合，而只有一瓶极干的曼萨尼亚雪利酒才会公正对待《斐莱布篇》[1]。《法律篇》将得益于一瓶强劲的勃艮第葡萄酒，给予不可避免的跳读欲望以勇气和许可。相比之下，在提到超群的《会饮篇》时，某些轻型的和半甜的葡萄酒将有助于你捕捉同伴的某些快乐，并在每一位参与者起身说话时为他们干杯。

在荷马的文字中，葡萄酒总是甜的，尽管这位诗人将葡萄酒比作亲吻和客气的言语，而不是成熟的石榴。无论荷马的口味如何，现代习惯要求甜葡萄酒是浓缩的，如糖浆般甜美，带有丰富的蜂蜜的味道，在被舒缓的食管中滑落时显得漫长而又甜蜜。半甜葡萄酒就是吸引我在郊区的阿姨们的那种葡萄酒，这种葡萄酒被看作半认真的，几乎没有人用得上它们，无论是单独饮用，还是配餐饮用。

---

[1]　译注：柏拉图所写，论快乐与伦理。

这种偏见的一个受害者就是武弗雷葡萄酒，那是一种产自卢瓦尔河北部，布雷尼河 5 千英亩宽阔的河谷中的葡萄酒。长久以来的习俗使得葡萄酒可以依据年份呈现干的、甜的或半甜的状态。主要用到的葡萄是白诗南葡萄，有时还辅以阿尔布瓦葡萄或赤霞珠葡萄，甜葡萄酒需要花费数年才会成熟，进而获得丰富的味道，尤其是在葡萄被选来酿制贵腐葡萄酒，并被当作苏玳的赛美蓉葡萄来处理的情况下。精酿的武弗雷葡萄酒中的糖分完全被融入酒体之中，就像装饰物与古典建筑物的门面合为一体一样。其带有凹槽的矿物圆柱柱顶布满花朵，需要坚实的论证基础，而这正是柏拉图希望能一直提供的那种，即我们要理解问题的存在，而问题的答案则让我们吃惊。柏拉图应该一直为这一点而受到尊敬，不是因为他的结论是正确的，而是因为他尝试证明其他结论是错误的。

亚里士多德 《形而上学》的读者将会理解我所说的淡水是唯一能想到的陪伴。想要吞下有史以来最枯燥的书，你需要大量的液体，而当你一路与词语搏斗着往下读时，你需要斯巴达的超然态度。在转而阅读《前分析篇》之前，一块姜汁饼干可能很合适。只有在阅读《尼各马可伦理学》时，状态才会有所放松，由于在我一直推进品性好的饮酒，而论证对于品性好的饮酒来说绝对重要，所以我推荐来上一两杯以示庆祝。实际上，我阅读《伦理学》的最好体验是我喝加利福尼亚的贝灵哲庄园的长相思葡萄酒时感受到的，而贝灵哲庄园是加利福尼亚州最初的酒庄之一，那些酒庄在禁酒前后都是酿酒技艺的保证。

西塞罗 西塞罗不完全算是一位哲学家，他是个非常好的人，对于美德的生活有非常多的言论，他让自己遭人嫉妒的创造性能力应该成为我们所有人的榜样。他精心写下的句子带有高贵思想的负担，而这正是波多尔干红葡萄酒的主要材料，应该在晚餐后阅读，配上一两杯波亚克葡萄酒。诗人奥索尼厄斯曾经在波亚克有一栋别墅。伟大的1959年份林卓贝斯酒庄葡萄酒没能被任何足够幸运还留有一瓶该酒的人更好地应用。但是对于奥索尼厄斯，同样伟大的1959年份欧颂庄园葡萄酒又如何呢?

圣奥古斯丁　有两个圣奥古斯丁，即在《忏悔录》中揭示自我怀疑的灵魂的圣奥古斯丁，以及写出《三位一体》和《上帝之城》的圣奥古斯丁。后者是上帝的谦卑仆人，被确定性所压垮。前者配一杯当地的迦太基葡萄酒会很合适，但由于它不再被出口，你无奈只好用一瓶摩洛哥赤霞珠葡萄酒来替代它。梅克内斯出产一种极好的葡萄酒，该酒在法国装瓶，由奥德宾斯[1]贴上博纳西亚的标签出售。《上帝之城》需要分多次持续很长时间才能读完，我将其看作难得的时刻之一，在这些时候，饮酒之人可以合理地喝一大杯冰过的博纳西亚葡萄酒，一喝完这杯酒就将书放到一边。

波伊提乌　他一度是基督教世界中读者范围最广的哲学家，现在却默默无闻，他就是《哲学的慰藉》的作者，他的著作当然值得冥想的饮酒者喝上一两杯。波伊提乌所经受的苦难超过了傻瓜平时给予有思想的人的分量，但是他在《哲学的慰藉》中劝告整个基督教

[1]　译注：英国著名葡萄酒连锁店，现已破产。

世界里的王子、主教和诗人未经检验的生活就不值得去过时，进行了报复。为了表示对这一伟大而美妙的著作的尊重，我建议你用一杯芬芳的默尔索葡萄酒将这本书一饮而尽。

勃艮第出产白葡萄酒的伟大村庄也顺带酿造红葡萄酒，这些红葡萄酒通常可以媲美临近种植黑皮诺葡萄的村庄中酿制的红葡萄酒，而且价格要比后者便宜得多。默尔索红葡萄酒、夏山—蒙哈榭红葡萄酒和圣欧班红葡萄酒都非常出众。在我人生的一段严峻时期，有人给了我一箱圣奥宾红葡萄酒，该酒产自一个名字很美的葡萄酒庄园——“在钉子路上”。那条路径通往明智，而如果你偶然遇到它，你就应该也沿着它前行。这种酒可能不会带来慰藉，但是配着波伊提乌、马可·奥勒留[1]和《圣经·旧约》诗篇中的一些内容来饮用，你就会离慰藉的目标更近了一两步。

阿维森纳　阿维森纳作为本书中称赞的英雄之一，值得特殊对待，将给予他伟大的内科医生和热爱人类之人的荣誉地位（他也热爱女性，他是唯一一位有记载的自慰而死的哲学家）。他生活过的土地现在在大胡子偏执狂的统治下呻吟，而如何从他们亵渎的脚下获取足够的土壤来提供一阵笑声是一个问题，而该问题目前还没有一致认同的解决方案。与此同时，在阿维森纳的世界边缘安塔利亚[2]，出产一种葡萄酒，那就是卡瓦克里德尔红葡萄酒，该酒在土耳其政

---

[1] 译注：罗马帝国皇帝。

[2] 译注：地处土耳其。

府的监管下酿制，但是作为哲学家用来在夜间提神的葡萄酒却并不糟糕。

阿威罗伊 其原名为伊本·路世德，他是抱怨者难为的另一位哲学家。他的过错是他试图通过展示你能够借由轻信之路而到达真理的宫殿，来维护简单的生活方式。实际上他暗示，让普通人为了信仰去熟悉哲学原因，而这些信仰并不是他们用哲学原因获取的，这种做法是错误的。这样做是在将怀疑引入没有办法克服怀疑的头脑之中。他是正确的，但只有哲学家才会知道这一点。阿威罗伊希望更进一步，暗示你有可能花费一生的时间在看电视、玩足球那类无须动脑筋的游戏上，以及耳朵里插着播放DJ 整理的音乐的 iPod 四处闲逛，不过离世时却可以与上帝关系和睦，这只需要你每天做 5 次礼拜或类似的事情。我不会赞同他到这种地步，但这是个很好的尝试，值得用一两杯霍克白葡萄酒以示认可。

阿奎那 我有很多次重新开始去读圣托马斯的《神学大全》，但是在读过一百个左右的问题之后只能放弃。这本书最大的问题在于，其真正的贡献，是对美德和个性的研究，以及对人类美好生活的叙述，而这些都留在了第二卷的第二部分，很少有人费力读到这卷的下篇，而所有人都得在相当多瓶苏格兰威士忌的帮助下才能做到这一点。苏格兰威士忌和任何东西一样好，能帮你熬过那些关于天使和物种的疯狂的内容。但是当你出现在美德的宁静道路上时，为纪念圣人而举起一杯桑娇维赛葡萄酒是很恰当的。而且在我看来，想要达到这个目的，最好的搭配就是桑娇维赛葡萄酒的众多下属品种中的蒙特普尔恰诺葡萄酒。弗朗西斯科·雷迪[1]将其于1685年创作的诗歌《巴克斯在托斯卡纳》献给托斯卡纳，他写道："蒙特普尔恰诺葡萄酒是葡萄酒之王。"当地人一有机会就会重复这一判断。然而，直到20世纪，他们的葡萄酒才被蒙特普尔恰诺人（Poliziani）称为贵族酒。（城里人是从波利齐亚诺（Poliziano）那里得到这个名字的，波利齐亚诺是文艺复兴时期的哲学家，出生于蒙特普尔恰诺，他采用了他的出生地的罗马名字命名。）贵族酒有着浓郁的红宝石色，带有沐浴在阳光中的石头之上成熟桃子的诱人香气。它会在卷二下篇的漫长朝圣路上伴你前行，并提醒你，世上的好东西比托马斯主义哲学中所梦想的还要多。

迈蒙尼德 像阿威罗伊一样，迈蒙尼德希望成为人类的仆人，而结果是，同阿威罗伊一样，他一生中大部分时间都处于流放状态。秉持完全合理的"犹太人第一"的原则，他将精力投入到伟大的《律法新诠》中，收集并评论《圣经》和神圣传统中包含或暗示的所有法律裁决。但是他的《困惑指南》是给我们所有人看的，是真正有慰藉效果的哲学作品之一，可与柏拉图的《申辩篇》和波伊提乌的《哲学的慰藉》相匹敌，1979年，我在波兰第一次读到了这部作品，在当时的波兰，时常有叫卖啤酒的售货亭取下卷帘门，宣布自己开业了，而在售货亭前立即会排成一条长达300码的长队。以一种随意和不可预知的方式，在各处，几箱保加利亚廉价的劣质酒会设法

[1] 译注：意大利医学家。

进入假装给无产阶级提供食物的混凝土储仓中。如果你有西方的货币，你就可以去 Tuzex 商店[1] 前排队，在那里权贵阶层可以兑现自己的特权，即在那里可以以优惠的价格买到威士忌，甚至偶尔还能买到瓶便宜的西班牙葡萄酒。然而，在极大程度上，特别是当你在乡村地区旅行时，你不得不靠国家生产的伏特加酒生存。几乎没有希望找到任何味美思酒[2] 来消除伏特加的药味，而且它经常以打算让所有抱怨的人哑口无言的分量在温过之后被呈上来。它们讽刺地称自己为“官方”，而“官方”的一般策略是制造集体的宿醉，这种集体宿醉非常沉闷和牢固，使得日常生活中所有不太严重的头痛都会消失在它下面。我在那种条件下在波兰农村旅行了 4 天之后，在克拉科夫城墙之外的公园里看了一天迈蒙尼德的作品，这是一大幸事。而碰巧我那晚所到的餐馆备有很多南斯拉夫的赤霞珠葡萄酒，我本打算在那里读完那本书。南斯拉夫的赤霞珠葡萄酒几乎等于是对葡萄酒的即兴提醒。但是它有助于我看到，迈蒙尼德所拥护的否定之路是通往上帝的知识的唯一途径。它通过去除我们语言中的所有谓语而达到了那个最高目标，逐一展示它们不会也不能适用于上帝，上帝甚至不是一个存在，也不是一个非存在。这一否定之途必须从某处开始，那为什么不从葡萄酒杯的底部开始呢？在那里无穷多的谓语像果蝇一样聚集，等着被应用。尽管如此，谓语的供应马

[1] 译注：捷克外币专用的免税商店。

[2] 译注：使用各种干料调制的加强葡萄酒。

上就耗尽了，而酒杯需要持续斟满，才能完成证明，我才能透过深刻的疑惑瞥见上帝的非非存在。

培根　培根是《学术的进展》和《新工具》的作者，他在各个方面都是迈蒙尼德的对立面。他是一位世俗的政治家、杰出的散文家、人类处境睁大双眼的观察者，以及聪明的偶像破坏者。他独力破坏了亚里士多德科学对西方思维的控制，而且教会我们通过应用肯定的谓语并通过我们的双眼和双耳来得到谓语，从而获得知识。我认为，任何对于他的见解的讨论都应该利用类似的方法来进行。我建议打开6瓶同一品种的葡萄酒，例如说品丽珠葡萄酒，一瓶来自卢瓦尔河，一瓶来自加利福尼亚州，一瓶来自摩拉维亚，一瓶来自匈牙利，而如果你能够找到成功出产该酒的另外两个地方，那你就已经在某种程度上证明了归纳法，然后假装比较和对比，用葡萄酒术语记笔记，同时喝光所有的酒。之后同伴中的某人就应该读读培根关于“死亡”的散文，在那之后长时间的寂静将会是适宜的。

笛卡尔　笛卡尔作为在蒙提·派森[1]之前最可能偶然想到本书标题的思想家，值得一些认可。这不会改变这个事实，即他已经最终成为历史上最被高估的哲学家，以从一无所有开始并且无处可去的论证而著称，但这不是他自己的过错，因为他是那种隐秘的人。如果他真值得赞美，那只是因他使“思想实验”成为哲学方法的核心。我会建议喝一种罗纳河的黑葡萄酒，或许是由摘自古老的葡萄

---

[1]　译注：英国超现实幽默表演团体。

藤的葡萄所酿制的教皇新堡葡萄酒，这种酒有着顺滑的如天鹅绒一般的回味，以及普罗旺斯山区甘草和百里香的香味。这样的葡萄酒将会弥补《沉思录》的肤浅，并给你更多的谈资。

斯宾诺莎 斯宾诺莎从笛卡尔没能证明的结论开始论证，即世界的组成部分要么是物质、特质，要么是模式。他首先尝试证明，至少有一种物质，其次证明至多有一种物质，其他所有事物都是那种物质的一个“模式”，在思想和肉体（想法和延伸）的不管哪一种特质之下被孕育而成。然而，这一理论并没有让他与荷兰加尔文主义的权威人士产生冲突，那些人更多地因他尝试描述政治而感到不安，在他的这种政治里，个人的自由是政府的最终目标。为了向这位温和而又朴素的名人致敬，喝一瓶属于较低价格区间的勃艮第葡萄酒会很合适。的确我上一次理解斯宾诺莎所指的特质的意义时，配的是一杯 1999 年份的云端梅尔居雷红葡萄酒。不幸的是，我在写下我的想法之前拿起了另一杯葡萄酒，从此未能找回那些想法。

莱布尼茨 他说这是所有可能的世界中最好的世界，他在这一点上很可能是正确的。不管怎样，我从未怀疑过伏尔泰在《憨第德》中想要表明相反结论的尝试是很不重要的。一旦钻研莱布尼茨，就会立即被他思想的深远性质所打动，在其思想中，整个宇宙的构想被包含在每个公理之中，正如根据莱布尼茨所说，我们所有人都包含在从我们自身的观点看世界的完整画面中。我会建议来上一瓶佳酿或陈年特酿里奥哈葡萄酒，这种酒应该在酒会开始前一两个小时打开，以便其大主教的味道得以释放出来。

洛克 洛克将哲学想象为科学的侍女，他的这一想象后来一直被主流的英美哲学家所采纳，他们借此切断他们的学科与人文学科的关联，与诗歌、音乐和宗教的关联，与用符号理解世界并调查存在的主观性的尝试的关联。因此要谨防洛克的《人类理解论》，要从他的《再论政府》开始，这也是现代政治的开端。最好配上一杯夏布利葡萄酒；确实，为了公正对待洛克的天赋，开启一瓶有着像宝歌斯、葛兰诺里斯或利贝斯这样模糊的农民名字的特级夏布利葡萄酒是合适的。

伯克莱 如果你必须理解伯克莱，那就用一杯焦油水把他咽下去，就算完事了。

休谟 关于休谟有一个非凡的事实，那就是他从对人类心灵的天真而又显然错误的概念中得出了关于因果关系，关于同一性，关于道德、正义和审美判断的非常深刻而又深远的结论。他的散文中有一种悠闲的智慧，总是温暖心灵。而我认为他的文字最好在火炉边，配上一杯甜白葡萄酒来阅读，可以是一杯古岱庄园葡萄酒。或者说如果你在寻找真正的便宜货，那就来一杯来自蒙巴兹雅克的七酒庄葡萄酒，其2000年份的葡萄酒有着金黄色的苏玳葡萄酒所有的E大调响亮之声，而价格却只有其一半。

康德 尽管笛卡尔（经由蒙提 · 派森）引出了本书的标题，但却是康德让其运转起来的。一个朋友向我暗示，“酒杯的物自体”究竟可能是什么意思，这种酒杯是一种不能通过感官领会的有本体的实体，该实体只能以不知从何处而来的观点而被揭示，也就是“理智的直觉”，该直觉除了上帝之外没人拥有。我在酒杯中斟满来自莎普蒂尔的卓越的1977年份埃米塔日香啼云雀白葡萄酒，我对该年份这种酒的消失深表遗憾。我们做了一个实验：首先举起葡萄酒对着灯光，去嗅它，用我们的手指碰触它冰冷的表面，之后饮用它，以便“以另一种方式了解它”。仿佛我们已经冲破城堡的粗糙防御，身处灯火通明的大厅里，穿着华丽长袍的人们在那里欢迎我们。这就是康德试图传达的信息。本体和超验的视角相结合，而尽管超验的视角并非我们可用的，但我们得到了暗示，知道实现它将会是什么样子的。葡萄酒滑落时的愉悦就像是对其本质的揭示，而其本质就是我内在的本性，总是脱离我的掌握，也就是先验自我及其让人费解的自由。我经常重复这个实验，发现像我那样查看范畴的先验演绎的论证是有帮助的。但是我不会推荐埃米塔日白葡萄酒，它过于昂贵，无论如何味道都有点过于饱满，带有蜂蜜和核桃的诱惑，需要章鱼制作的菜肴来抑制这种诱惑。我实际上会推荐一瓶阿根廷马尔贝克葡萄酒，而将康德的《纯粹理性批判》和博尔赫斯[1]的故事结合到一起绝对不是一个坏主意，博尔赫斯的故事充满了康德哲学的悖论，提醒我们不需要去阿根廷旅行，就能了解它们。

并非所有的康德哲学文本都像第一部《纯粹理性批判》一样容易搭配。似乎没有什么能补足第二部《判断力批判》或其他康德关于伦理的著作。当谈到顺便提及了“加那利葡萄酒”的《判断力批

[1] 译注：阿根廷作家。

判》时，我发觉自己首先尝试了东印度雪利酒，随后尝试了茶色波特酒，最后尝试了马德拉酒，但都没能接近康德所证明的美的判断是普遍的又是主观的，或是接近他关于“嗜好的矛盾”的派生——这当然是他意义最为深刻且最为麻烦的悖论，这一悖论如果要让步于什么事物，那就必须让步于包含在葡萄酒之中的论证。

费希特 我们应该将自决的哲学归功于费希特，该哲学的一个版本在本书中一直占据着我的心思。但是他的哲学散文难以置信地令人厌恶，如果主体和客体的伟大戏剧仅仅因为它被黑格尔更加有活力的智力所占据才对我们有意义，这不足为奇。然而，费希特的一部作品有着一定的修辞价值，那就是他的《对德意志民族的演讲》，他在其中做出了自己关于泛德民族主义的强烈呼吁，他认为对泛德民族主义的需要已经被德国的那些公国在拿破仑军队面前的轰然倒塌展示出来。就这样费希特将德国两次送上了通往欧洲毁灭的道路，为了公平对待费希特，应该是说就这样拿破仑将德国送上了那条道路。德国对于这些事件的内疚是可以理解的，不太能理解的是他们摒弃所有传统的欲望，以及他们甚至让自己的葡萄酒品尝不出欧洲味道的欲望。来自莱茵兰的新包装葡萄酒的典型是用英语标注着“火焰山”的葡萄酒。这种酒装在绿色的基安蒂酒瓶中，由有着通用的欧洲名字——蒂埃里·方塔纳兹的某个人酿造的，在标签上只有一个德语单词，那就是“雷司令”。该葡萄酒酒精含量高达 12.5%，尝起来是彻头彻尾的澳大利亚味道。德国逃离过去的一个更为引人注目的标志是难以想象的，但是我不会通过配着这样的东西把费希特的文字咽下去来侮辱他。对于这位鲁莽、脾气暴躁但根本上是善意的思想家，最好的搭配就是那些精致的陈年莱茵兰葡萄酒的一种，这些陈年莱茵兰葡萄酒证实了当地的爱国主义，是村庄和葡萄酒庄园的爱国主义，而非民族和文化的爱国主义，民族和文化的爱国主义正是费希特希望摒弃的。我会建议来上一瓶甜的德国冰酒，例如来自位于美茵河畔的格拉分沙克的德国冰酒，这种葡萄酒的酒精含量只有 8%，因此以极低的价格在针对英国酒鬼的市场里销售。

黑格尔　不管你说他多自负、他错误的逻辑、他对于抽象的热爱、他照着自己的形象重塑世界的决心，事实是黑格尔比他之前之后的一切人都更理解现代世界。我们应该将塑造了我们世界的异化理论、认可理论、相互关系理论、斗争理论和权利理论归功于黑格尔；正是通过《精神现象学》中的伟大语言，以及关于美学、政治和宗教哲学的讲座，我们才能开始理解左翼思想秘密的渴望以及右翼对于他们无可争议的回应。简要来说，黑格尔是哲学家中我心目中的英雄，而我一读到他对于私有财产的伟大辩护（将其视为自由和独特的自我意识的恢复），就会拜访酒窖，并立刻确认了他的意思。而我经常带点儿好东西回来。我最近配着关于主人和奴隶的那段文字喝了一瓶来自著名的维戈纳玛基奥庄园的古典基安蒂葡萄酒，维戈纳玛基奥是列奥纳多画作中蒙娜丽莎的出生地，而那里的黏土和桑娇维赛葡萄结合起来造就了一种丰富的黑樱桃色精华，这种精华很可能就是早在 1404 年初被称为“基安蒂”的葡萄酒。它完美地补充了那种戏剧形式的论述，使其结论（统治地位超越了道德律宁静的相互关系）看起来完全自然，即便不是逻辑上那么令人信服。

配着黑格尔的文字来饮用托斯卡纳葡萄酒还有另一个原因。他的哲学有害的一面应该被驳斥，这有害的一面告诉我们历史是连续的戏剧，一幕接一幕地朝向某个宏大的结局演下去；并说我们是时代精神的创造物，注定“属于我们的时代”；还告诉我们由于现代主义终结了，所以我们现在必须属于后现代主义，由于音调被耗尽了，所以我们现在必须接受无调性；等等。反驳这种废话的是佛罗伦萨。除了雅典之外，没有同等规模的城镇曾经达到过佛罗伦萨的伟大程度。但是自从17世纪以来，历史已经与它形同陌路。只有几次复兴、一两次歌剧的首演以及地方民族主义的偶尔迸发，而其余的完全是像亨利·詹姆斯、E.M.福斯特、伯纳德·贝伦森[1]这样的游客以及欧盟及其专注于最为临近过去的思想的大学研究院的成果。佛罗伦萨一直保持了美蒂奇家族[2]最终因谋杀而走向绝嗣时的样子。此后，最糟糕的情况就是，它的财宝受到了美国学者冷冰冰的凝视，偶尔受到来自阿尔诺河的洪水的侵袭，以及乘坐旅游大巴到达和离开的偷窥者更为常见的窥视。这个小地方在三百多年的时间里培养艺术家、诗人和思想家的比率未曾有其他地方能够匹敌，但它现在却处于沉睡的状态。它不是座现代的城市，也不是座后现代的城市，而是过去的一个碎片，证明了你不必属于时代精神或和它有非常大的

[1] 译注：美国艺术史学家。

[2] 译注：佛罗伦萨13世纪至17世纪时期在欧洲拥有强大势力的名门望族。

关系。而这就是它的葡萄酒的味道。

叔本华 除了说这位伟大的悲观主义者看到了事物的本来面目，并从而展现了看到事物的本来面目是一个错误之外，还能再说他什么呢？由此推断出，事物并非像他所看到的那样。换言之，“事物是怎样的”是另一种幻觉的名称，而这一名称奉承了“看穿”假象之人的自我。看穿虚伪就是伟大的借口。我想象着叔本华单独和他的小提琴在一起的画面，他并没有为世界而哭泣，因为那是在承认世界的价值和世界不符合标准的悲痛，而是在他自己和他自己之间演奏一首曲子，在表象的世界之后召唤出广阔的意志，并想把他的脚趾放进其中，只是要看看那是什么感觉。这样的画面需要一杯好的新西兰霞多丽葡萄酒，或许是被称作“浑水”的矿物质丰富并呈黄油状的调和物，以便提醒我们其他人已经越过了那片海洋，已经保留了信念和希望，并在登陆荒谬的地方时通过种植葡萄藤而将信念和希望转变为了慈善。

克尔凯郭尔 《恐惧与战栗》、《惧怖的概念》、《致死的疾病》，什么样的人会写出标题像这样的书籍，并且从不用自己的名字署名呢？如果这位伟大的丹麦人所造成的阴影时常有食尸鬼和吸血鬼拜访，急切地寻找他的尸体，这没什么好奇怪的。实际上克尔凯郭尔写了两部以性爱为主题的伟大著作，即《诱惑者的日记》和《情色的直接阶段》，两者都包含在《非此即彼》的第一部分之中。《非此即彼》是对莫扎特的《唐·乔瓦尼》的研究，大概是唯一一部由哲学家所写的关于音乐评论的伟大作品，它应该搭配饮用唐称赞葡萄酒和生活（或至少是他那种生活）的疯狂咏叹调中提到的葡萄酒，即特伦蒂诺的玛泽米诺葡萄酒。

我最近在里米尼[1]大展览馆中一间营业的地区餐厅里饮用了这种葡萄酒，以便迎合每年在那里举办的人民大会。当我的爱尔兰同伴用他们的手抱住酒杯时，我惊讶地看着他们。同两位有着令人生畏的教育经历的爱尔兰人坐在一张桌子前，而我是唯一一位饮酒的人，这是难得的经历，当然对于我来说是第一次。要注意，他们中的一人在阅读帕特里克·卡瓦纳[2]的诗作，而另一位是有着与酒杯中的紫色琼浆玉液相配的深色眼睛的漂亮女孩，她正在用小提琴演奏忧郁的凯尔特曲调。他们的借口很简单：这是他们的剧目，而他们正在排练。我的任务就是喝掉一整瓶葡萄酒。

那位爱尔兰辍学生卡瓦纳被他忠实的兄弟为了后代而拯救出来，他忧郁的诗歌听起来就像路边泥塘里一位差点溺死的酒鬼的喃喃自语。当葡萄酒开始对我起效，而小提琴就像一位执行最后仪式的牧师一样在诗句上俯身时，我想起了那些泥泞的田野间狭窄的小路，在那里贝克特[3]笔下摇摇欲坠的英雄在烦躁中遭遇孤独，而路边的每栋房屋都既是酒吧又是殡仪馆。我强烈地领会到，如果克尔凯郭尔的日德兰半岛上有一两个小酒吧，其恐怖程度就要小得多；如果

---

[1] 译注：意大利东北部港口城市。

[2] 译注：爱尔兰乡村诗人。

[3] 译注：爱尔兰、法国作家。

克尔凯郭尔没有折磨雷吉娜·奥尔森[1]——在我饮酒时小提琴手越来越像雷吉娜了，而是他最终被他的雷吉娜所理解，并请求她成为自己的女王，那他自己的一生也要幸福得多。

尼采 尼采的第一部作品《悲剧的诞生》说明了艺术的宗教起源，并将狄俄尼索斯重塑为欢乐之神、舞蹈之神和重现之神。这本书受到学术界的批评，有效地终结了其作者作为文字学教授的早熟职业。但它仍然是悲剧领域曾出现的最好的作品，而且在我看来，也是尼采最清晰地集中于智力问题的作品——我所指的是独立于问问题的人而存在的问题，在这种情况下就是独立于尼采而存在的问题。向狄俄尼索斯表示的敬意也值得配合神给予我们的最伟大的礼物来喝下。

不过尼采后期的作品，其中的问题是完全没有脱离对自身的依赖。的确，它们是曾经被视为智慧的最为以自我为中心的作品。此外，它们似乎逐渐忽略了狄俄尼索斯的真正意义。在他生活的理智阶段即将结束之际，我们发现尼采写道（参见《权力意志》第252页）："狄俄尼索斯对'被钉于十字架之上的人'……此处你就有了对照。"仿佛狄俄尼索斯没有被钉在十字架上的耶稣所接受，也就是仿佛圣餐没有表现出酒神有能力做什么!

于是就有了他的影响。《查拉图斯特拉如是说》受到纳粹的拥护，他们将其中超人的无神论说法视为他们自己异教的至上主义的预兆。

---

[1] 译注：克尔凯郭尔与其订婚后又迅速解除婚约并与其断绝关系。

福柯因为权力是人类社会的根源，而以违反道德是对它最具解放性的回应这一观点，视尼采为权威。无论什么原因，所有发现自己与所有形式的大爱处于敌对关系的人都能从尼采那里得到慰藉，尼采传达的信息正如现在所理解的，可能改编自莎士比亚笔下的波洛尼厄斯[1]，“要忠实于你的自我，自我越大越好”。

尼采认为，你能够通过给出“道德的谱系学”而破坏道德。道德要求我们用尼采的谱系学来反击，之后就会出现一个非常可怜的生物。尼采的作品是自恋神经质的辉煌喷发，而当它们被置于完整的传记背景之中时，它们多表现为自欺欺人的演练。这些关于生活、健康、残酷和权力意志的说法是一个胆小的残病者的面具，这位残病者过着在很大程度上与世隔绝的生活，从未对任何事或任何人有过权力，更不用说对他自己了。尽管我们应该为《悲剧的诞生》的作者干杯，但应该配着饮用稀薄的、有疑病症的饮品，或许是装满苏打水的酒杯中一指幅的博若莱葡萄酒。

罗素　维特根斯坦说，罗素的书必须被严格分为两类。那些关于逻辑和数学基础的书应该被装订为蓝色，每个人都应该被强迫去阅读它们。那些关于政治和通俗哲学的书应该被装订为红色且被禁止阅读。我没有维特根斯坦那样专横的性情，没有得出他的结论。但是他的判断是合理的，而只有最好的干红葡萄酒才配得上《数学原理》这样伟大的作品。我建议来上一瓶年份出众的龙船酒庄葡萄

[1]　译注：《哈姆雷特》中的人物。

酒或杜克—宝嘉龙酒庄葡萄酒，例如1988年份或1995年份的。

胡塞尔 他与罗素的对比是最大的。和罗素一样，胡塞尔通过尝试理解数学开始了自己的哲学生涯，但他丝毫未能理解数学。他继续去创造了现象学或现象学的伪科学。他认为有一种方法，我们能够凭借它将物质世界“搁置”而隔离我们精神内容中必要的部分。这种方法所创造的大量的浓缩文字应该提醒了胡塞尔注意他根本没有描述任何事物这一事实。但是那些文字没能提醒他，他只是发明了“欧洲科学的危机”以便解释它。胡塞尔并不了解自己（而自知之明是这种对自我的强迫性研究的首个受害者），他就是那个危机。而需要很强大的刺激物才能通过这样的危机并安然脱险。我推荐三杯来自胡塞尔的出生地摩拉维亚的梅子白兰地，一杯给予勇气，一杯吞下术语，还有一杯用来浇在书页上。

萨特 让·保罗·萨特的声望在1964年达到顶峰，当年他被授予了诺贝尔文学奖，而且他还在当年写下了或许是他最为深刻且文字优美的作品，即对他早期童年的简短叙述，书名为《词语》。萨特断然拒绝接受诺贝尔奖，正如他婉拒了法国荣誉军团勋章，也正如他在《词语》中拒绝称呼自己为作家。实际上，作为萨特被当权派认可的顶峰之年的1964年，也是他对抗大型当权者，并拒绝认为他已经成为其中一员的顶峰时期。萨特在余年之中，将他的文学能量投入到扩充并详细阐述他的马克思主义天书似的《辩证理性批判》（1960年）中，还投入到撰写未完成的福楼拜大部头传记（《家中的低能儿》）之中，这证明了福楼拜实际上就是萨特，或萨特就是福楼拜，总之两者都不存在，而非存在是这位作家秘密的或不那么秘密的目标。

自从在1980年达到了非存在的状态，萨特的声望就遭遇了持续的下滑，因为人们已经开始明白他的教义和示范造成的损害。在他为1972年慕尼黑奥运会上谋杀11名以色列队员提供借口之后，法国知识分子已经给他之前固若金汤的道德权威地位打了个问号，而1984年出版的马克—安东尼·本尼尔的《萨特的遗嘱》结合了这位哲学家在他具有影响力的年代里用文字对大屠杀表达的令人难以置信的辩解，这又添加了永远不会被抹去的感叹号。然而，萨特居高临下的存在就像法国文化中心的黑色太阳一样，当他的棺材前往蒙帕纳斯时吸引了3万人送别，他将现代生活令人着迷地幻想为绝对自由的一个领域，在其中选择是唯一的价值，而且在其中我们所选择的每样事物都回归到想象出这一事物的虚无，他的这种幻想成为过去30年间在巴黎知识分子间产生的所有哲学的基础。

萨特的伟大哲学著作《存在与虚无》（1943年）介绍了在他所写和所说的内容中经常出现的虚无。萨特是某种否定健将，能够从某事物中摔出虚无，而无论主题或原因为何。他在选择自己的英雄方面，比波德莱尔还要邪恶，在职业窃贼让·热内中发觉了现代圣人的类型（《圣热内，演员和殉道者》，1952年），并主张犯罪是道德纯洁的一种形式。他重塑了马克思的阶级敌人，并激励了整整一代年轻人对抗“资产阶级”，因为这个阶级抛弃自由，支持“不诚实”的风俗、体系和法律。尽管他最初是对共产党的尖锐批评者，在20

世纪 50 年代转而相信马克思主义，并督促他的读者“利用共产主义的意图，而非其行为来评判共产主义”，直到他生命的尽头他一直持有这一立场。

萨特的反资产阶级辞藻改变了战后法国哲学的语言和议程，并点燃了从前殖民地来到巴黎的学生的革命抱负。那些学生中的一员之后回到了他的故土柬埔寨，并将“全面化”的学说付诸实践（该学说在《辩证理性批判》和 1968 年的《境况种种》第 8 集和第 9 集中均有体现），这一学说将资产阶级的“连续性”和“他者性”当作目标。而在波尔布特的清洗之中，能看到在萨特几乎每一行魔鬼般的文字中都有体现的对平凡和实际的轻蔑，这是可以理解的。墨菲斯托费勒斯说：“我是否认的精灵。”萨特也同样如此，对他来说地狱即他人，意思是说其他人就是地狱（《密室》，1947 年）。就像弥尔顿笔下的撒旦一样，萨特看到世界因自己的骄傲而改观，而正是这种骄傲导致他拒绝诺贝尔奖，因为敬意来自他者，并因此不值得真正的自我去注意。

然而，尽管他有道德缺陷，但仍不可否认萨特作为思想家和作家的地位。如果有作品能显示出这一点，那就是《词语》，这是一本回应普鲁斯特的狂热的书籍，目的是纠正对词语在生活和孩子成长中的位置日益提高的误解，而萨特看到了这种误解。萨特的童年不是普鲁斯特唤起的终身避难所，而是许多错误中的第一个，所有后续的错误都在其中有自己的预兆。他的写作风格具有讽刺性，而又简洁，这本身就是对普鲁斯特的驳斥。受到了超现实主义者米歇尔·莱里斯强烈影响的是一部自传杰作——堪比德·昆西的《一个英国鸦片服用者的自白》，以及埃德蒙·格斯爵士[1]的《父与子》。毋庸置疑，1964 年对于萨特来说是个好年份，因为正是这一年展示了他作为作家的实力，在这一年里他暂时性地将自己从《辩证理性批判》冷酷、行话满篇的文字中解放出来。《词语》是由一个能够大笑的人写出来的，而如果大笑不是其他人手中的武器，那他就可能允许自己去大笑。

你会问，我为什么要说这些呢。答案是萨特是我回到 1964 年的借口，那一年不是伟大的年份，而是我在 1980 年喝到的那瓶 1964 年份的香贝坦—贝日庄园葡萄酒标记给我的年份，而那是我对真正的勃艮第葡萄酒能在第二好的年份里达到的味道的深度和余韵最为深刻的理解。如果我再次阅读萨特的文字，我就会寻找一瓶 1964 年份的勃艮第葡萄酒来冲下那毒药。然而，找到一瓶的几率很小，因此我永远不会再次拜读这位伟大作家的作品，而我为此要感谢上帝。

海德格尔 用什么饮品来补充我们对“虚无化”的哲学家的认识呢？举起一个空酒杯到嘴边，感受它落下的感觉——虚无、虚无、虚无，整个食道里都是虚无的，而这当然是取悦真正的鉴赏家的一次体验。

帕托卡 苏格拉底和波伊提乌被处死，阿威罗伊和迈蒙尼德被流放，但是当代的哲学家都被从轻发落了，尤其是萨特和海德格尔，

[1] 译注：英国诗人。

绕过了真正的犯罪思维的边缘，却没有遭受最轻微的个人损失。但是现代哲学确实有一个殉道者，那就是扬·帕托卡，他是捷克斯洛伐克“77宪章”的首位代言人，1977年在警察讯问时去世。他是胡塞尔的学生，和他的导师一样沉浸于同样徒劳的术语之中。但是当年轻人恳求帕托卡解释他们国家的苦难，并听取他关于灵魂关怀的睿智且文雅的秘密讲座时，现实解救了帕托卡。这些讲座应该配着捷克葡萄酒来听，正如我在试图跟上这位伟人的步伐时（直到我在1985年被捕），我的讲座通常就是要配着捷克葡萄酒来听。我说捷克葡萄酒，当时就跟现在一样，摩拉维亚出产的已经成为捷克共和国的真正的葡萄酒。

在帕托卡的年代，最好的摩拉维亚葡萄酒不是在产地被装瓶，不是通过连锁商店售卖，不是由澳大利亚人酿制的，没有被加强到傻瓜强度，没有被霞多丽葡萄玷污。关于它的存在的传闻是口口相传的，而且想要知道秘密你得首先表现出你可以被信任，而在一个从1938年起就没人可以被任何人信任的国家里这是件困难的事。当你最终到达酒窖（是在葡萄藤下的石灰石山中挖出来的）；当你由肋部泛紫的窖主带领走下潮湿且照明不好的通道，通过一个玻璃吸管品尝每一桶葡萄酒，并用几片熏五花肉（被称为熏肉，这是外国人对英国熟食店唯一已知的赞誉，这一赞誉基于一个明显的错误）来增强味道时；当你已经做出决定并支付了你应付的款项时，怎么把东西带回家就由你决定了。有些人带来酒瓶，有些带来简便油桶，有些带来他们可以用金属盖密封的小桶。而如果你想在葡萄酒瓶中储存数年，那你就必须学习如何将其妥善装瓶，要用长的软木塞和封蜡。依照我的经验，最好的是由当地的品丽珠葡萄品种酿造的卓越的红葡萄酒。这种葡萄在中欧以圣劳伦斯的名字命名。不要问我为什么，或为什么劳伦斯（Lawrence）的名字在斯拉夫语中应该写作“Vavrinec”。用一瓶圣劳伦斯葡萄酒来咽下关于柏拉图和欧洲的讲座将给你关于受难和牺牲的清晰图景。

你可能会问现在情况怎么样了？现在捷克斯洛伐克已经不复存在了，而捷克的土地应该已经进入了全球经济。答案就在哈布森堡的铁路系统之中，该铁路系统证明了这个国家根本没有进入全球经济。友好而又带有尘土味道的列车带着你在一个不舒适的状态下咔嚓咔嚓地在村庄间穿行，不会使你遭受比待在家中可能发生的更多的伤害。一天的旅行变化无常，至多花费10镑。当列车摇摆、呼啸着经过森林和峡谷，走过河岸边和配给土地背后时，你可以小口喝一种特产，有把握地知道，通过支持葡萄酒贸易，你在帮助打破集体农场。小生产者正在各地涌现，分出部分被侵蚀的草原，种植葡萄藤、树木和树篱，修复岩石凿成的酒窖和被遗弃的小屋，并普遍从草地中开垦草地。而透过那些差不多因沾满灰尘而不透明的窗户中的一扇往外看，抿着你的圣劳伦斯葡萄酒，你的手指描绘那一关于“破碎的团结”的困难论证，你就会知道苦难和牺牲有时是值得的。

维根斯坦 “我不在乎我吃什么，”维根斯坦在回应招待他的主人善意的询问时不悦地说道，“只要一直是一样的就可以。”除了将其理解为说“我才不在乎吃”的粗鲁说法之外，很难理解这番言论。即使是最为苦行的僧侣也需要时不时地变换口味，哪怕只是想被提醒上帝赐礼的多样性和丰富性。然而，在饮酒的问题上，我们更倾向于一致性。发现了我们自选的酿造者、种植者或蒸馏者之后，我们就会日复一日地将同一瓶酒放到桌上。这可能是现代城市居民的生活中唯一恒久不变的一点，因此也是对他们充满欺骗的日子的一种补偿。婚姻的道德宁静以液体形式被恢复，而游荡的葡萄酒迷——真正的珀涅罗珀[1]就是在餐桌前等他的特选葡萄酒。

这一持久性在某种意义上与维根斯坦所宣称的相反。并不是我们不在乎喝什么，恰恰相反，我们确实在乎，非常在乎。可是，咽下维根斯坦的文字的正确方式就是配着你通常会放到自己餐桌上的葡萄酒。你喜爱那种葡萄酒，将其当作你每日的同伴。那种葡萄酒不是为了客人而准备，更不是为了贵宾，而是为了日常谦逊的你而备。或许是一瓶资产阶级的干红葡萄酒，或是一瓶简单直率的博若莱葡萄酒。不要考虑味道，以免将其误解为一种私有物，就像《哲学研究》第293部盒子里的甲虫一样。

施特劳斯　在众多姓施特劳斯的文化人物中，我最喜欢的是理查德·施特劳斯，我拒绝将他的《玫瑰骑士》第二幕当作媚俗而不予理睬，我认为它是至高无上的音乐艺术。然而，为了一致性，尽

[1] 译注：希腊神话中战神尤里西斯的妻子，为了等候丈夫归来，坚守贞节20年，于是这个名字被引申为“忠贞”的代名词。

管在本能而非智力的层面上，殊荣应该给予约翰·小施特劳斯，当然约翰·老施特劳斯也有自己的好时候。至于大卫[1]，我们只能在转到列奥[2]同样让人费解的影响之前，承认他让人费解的影响。如果有学术政治科学的“学派”这样的东西存活至今，那就是施特劳斯的学派。而由于身为中欧难民的列奥·施特劳斯带着一背包被营救出的来自燃烧的大陆的想法，所以他首先因其振奋人精神的消息而受到热烈拥抱，之后当他的弟子步入具有权力和影响力的位置并提醒美国人他们的政治角色时，他又被严厉谴责为反动分子。这些弟子中的一位就是沃伦·维纳斯基，他用来自加利福尼亚州新建的葡萄酒庄园的葡萄酒将木桐庄园击败到第二的位置，而乔治·M. 泰伯[3]在《巴黎评判》中讲述了维纳斯基的故事。维纳斯基先生在弗里兹·阿尔霍夫为《葡萄酒与哲学》收集资料时，给出了对自己哲学思想的简要总结。无论你是否将施特劳斯看作一位思想家（而我不太认可这一点），他作为老师的天赋已经被充分证明了，而配着一杯维纳斯基的鹿跃葡萄酒，就能吸收他的思想。

哈姆瓦什　贝拉·哈姆瓦什这位匈牙利哲学家在英语圈子里鲜为人知，他于1968年离世。他值得在这部分被特别提及，不仅仅因为他坚定的爱国主义以及在困难时期忠诚守护匈牙利的理想，——这一守护使得他最终在自己的祖国也无法出版书籍，也使得战后匈

[1] 译注：大卫·施特劳斯，德国哲学家。

[2] 译注：美国政治哲学家。

[3] 译注：美国作家。

牙利最为博学和最富想象力的思想家一生都在从事体力劳动——还因为他试图从实证主义和马克思主义这两大否定中拯救哲学。哈姆瓦什被邪恶的格奥尔格·卢卡奇[1]免除了图书管理员的职务，卢卡奇当时是战后共产主义政府的首席审查官。哈姆瓦什的哲学详述人的精神需求和内在自由，并发起了对基督教远见的卓越辩护，在那以后被视为对卢卡奇及其密友强加于匈牙利人民之上令人憎恶的体系的威胁。我可以继续说下去，但是你会问为什么要提这位小人物呢？而他的导师卡尔·雅斯贝尔斯[2]却没有进入这个附录，还有其他更伟大的贝拉，例如说巴托克[3]，他们也能配着一种饮品来理解。答案很简单：据我所知，哈姆瓦什是唯一写过关于葡萄酒哲学的书籍的主要哲学家。尽管不太情愿，我也必须举杯向那本默默无闻的，我希望永远不被翻译的书致敬，并因此在我体验匈牙利葡萄酒时仔细思考它们。

我在佩斯一个昏暗的酒窖里养成了对匈牙利葡萄酒的喜爱。在佩斯，来自巴拉顿湖的霞多丽葡萄酒从一个酒桶中被呈上来。在向形象不佳的持不同政见者递送了一天的违禁品之后，我急需被称为“规范化”的霞多丽葡萄酒，而这种葡萄酒有着像农民一样的精明劲儿，使得提心吊胆的一整天看上去就像节日一样。有那么短暂的一两个小时，我甚至幻想理解了那种荒谬的语言和我会遇到的陌生人，

[1] 译注：匈牙利哲学家。

[2] 译注：德国哲学家。

[3] 译注：贝拉·巴托克，匈牙利作曲家。

对于他们大多数人来说哈姆瓦什是个英雄。巴拉顿湖霞多丽葡萄酒现在以教堂山的品牌出口，并已经有了美国“口音”，甚至是有嘴的酒瓶，等同于棒球帽和百慕大式短裤。这可能就是为什么它不再对我的语言能力有影响了，而这种影响在那个难忘的但又让人遗忘的夜晚被我注意到了。

匈牙利的葡萄栽培自那时起已经有了极大的改进，22 个葡萄酒产区已经被艾利克斯 · 里戴尔在《匈牙利葡萄酒》中绘制成了细致的地图，并受到微妙的称赞。在距离布达几分钟的路程之处——哈姆瓦什在那里一周换一次衬衫，并在回到他工作到死的遥远的电厂之前抓起另一本书——你在葡萄藤缠绕的山坡之中，山坡上散布着分配的地块、避暑别墅和旧农场的遗迹。这里清爽可口且果香浓郁的白葡萄生长在石灰岩土之上，而最近尝试的布达灰皮诺葡萄酒带有接骨木花的香气和树叶的味道，很好地让我联想起 1988 年那些奇异的夏日，当时，时代精神似乎带着欺骗性的美国制造的微笑在城市上空盘旋，就像在匈牙利语中被称为蜃景的海市蜃楼一般，蜃景这个词陆续用来指民族主义、共产主义、社会主义、资本主义、哈布斯堡怀旧、民俗文化……简言之，被用在任何匈牙利人碰巧暂时相信的事物之上。

和布达的比起来，维拉尼和塞克萨德的葡萄酒成熟、色深且复杂。维拉尼 1998 年份的黑皮诺葡萄酒是二线勃艮第葡萄酒的有力对手，而塞克萨德 2000 年份（对于匈牙利红葡萄酒来说是个好年份）的品丽珠葡萄酒赢得了我罗马尼亚女弟子的赞誉，而她们以前从未称赞过任何匈牙利之物。这种葡萄酒是由文赛尔·高劳姆瓦里在他位于布达佩斯地下迷宫般的酒窖里酿制而成的，其深黑醋栗的颜色、优良的波多尔干红葡萄酒气味与和谐的味道表现出了品丽珠葡萄酒最诱人的状态，而品丽珠葡萄是卢瓦尔河谷的红葡萄。正是配着一瓶醇厚的调和物，我吞下了当了解到我并非是第一个写作关于葡萄酒哲学的书籍的哲学家时我的忧伤之情。

山姆马 正如本书的论述所显示的，没有马能够品尝它食用或饮用的东西，即便是它最享受的东西。但是山姆仍旧有它的偏好，而这些偏好刚好与酿酒正统不相符。实际上它的燕麦片在掺入桃红葡萄酒之后，它才会急切地狼吞虎咽并凶猛地加以守护。理所当然，在一个温暖的夏日夜晚，在白昼变长，而老年的元气在四肢升起（这四肢以前见过更好的日子），桃红葡萄酒是不可抵抗的。水果的清新香气、如同童年最喜欢的饮品的颜色、冰凉且提神的气流、将自身的光亮照入内心的阴暗中时的轻松感，所有这些都有着假日的特质，能舒缓工作生活的压力，并召唤出一个属于情侣和安慰者的世界。这是真理，是羞怯的赫利孔山灵泉，而它就像天使之歌一样在嘴里冒着泡。尽管如此，除了这些以外，还剩下什么味道了？剩下了什么深度，什么复杂度，什么丝绒般的诱惑了？一杯掺有工业酒精的覆盆子甜香酒会有同样的效果吗？这些让人深感不安，甚至是异端的想法在肤浅的狂喜之后潜入进来。问山姆那些问题是没有意义的，因为正如维根斯坦所说，如果一匹马能够说话，我们也不会理解它。（好吧，原文说的是“狮子”，但观点是相同的。）

尽管没有什么特别好的例子，然而我们应该为上成的桃红葡萄酒却很便宜这一事实而获得安慰。此外，对于桃红葡萄酒来说，假装伟大会是荒谬的行为，比得上五步格诗里的流行歌曲，或是貂皮质地的比基尼。桃红葡萄酒在单宁被提取出来之前是从未发酵的葡萄汁里流出来的，因此通常不会被长时间保存。而总会有伟大的例外，来自罗纳河的塔维尔桃红葡萄酒因一个事实而被区分开来，那就是如果你被蒙住眼睛去品尝它，你就很可能把它误认为是一种乳脂状的以维欧尼葡萄为基础的白葡萄酒。而（像人一样）桃红葡萄酒有两种不同的类型：那些想成为重要事物的，和那些宁愿无关紧要的。山姆两者都喜欢。

在无害的、可饮用的无关紧要的桃红葡萄酒中，来自卢瓦尔河的安茹桃红葡萄酒总是很受欢迎，来自葡萄牙和西班牙的次等桃红葡萄酒也是如此，我个人最喜欢的普罗旺斯桃红葡萄酒也是如此。如果你是一匹马的话，这种酒应该配着燕麦片来饮用，否则就应该在以救世主的心境听着鸟鸣声，或至少是以弥赛亚的心境来听时，配着法国干香肠和黑橄榄一起饮用。还有具有态度的桃红葡萄酒，例如来自马斯·奥利维拉斯的赤霞珠葡萄酒，带有一股老加泰罗尼亚的味道，有着众多西班牙桃红葡萄酒的浓度和信念，而西班牙桃红葡萄酒要配着每天的食物来饮用。更为浓烈的，且带有让人联想到木桶的琥珀色的就是来自南非的奈尔森克里克用赤霞珠葡萄和梅洛葡萄混合而成的葡萄酒。如果有一种像复杂的桃红葡萄酒，那就是它了：带有雪茄盒的气味，而且……我不想陷入葡萄酒术语，我只是想说这是一种山姆和我都会用来庆祝它最为伟大的胜利的葡萄酒，那就是和博福特公爵的猎犬在一起的那天，当时山姆在羽毛球公园跳过了所有的障碍。

但是依我看来（可能也依山姆看来）必须颁奖给来自希腊的紫水晶桃红葡萄酒，该酒是由奥德宾斯进口的。这种葡萄酒由当地葡萄酿成，被赋予了深色的“红猎装”，以及“全音阶”的口味，使得空气中充满它自己的香味。虚构的昆虫在酒杯上飞舞，而如果你在喝过一两杯之后把耳朵贴到酒杯上面，你就能听到如葡萄酒一般黑暗的大海的低语声。

主题索引
INDEX OF SUBJECTS

E

F

G

H

J

Z

人名索引

INDEX OF NAMES

A

E

F

G

H

J

K

L

M

N

O

P

Q

R

S

T

W

X

Y

Z

葡萄酒索引

INDEX OF WINES

C

D

F

G

H

J

K

L

X

Y

Z